プロ級のパンが家庭で焼ける

本格パン作り大全

松尾美香

Prologue

おうちでパン作りをする人が増えて、とても嬉しく思っています。私がパン作りを始めたきっかけは、子供の頃から主食がご飯ではなくパン（他の家族はごはん）、おやつがパンというくらいパンが好きだった、子供の頃にバターロールやピザなどを母が手作りしてくれていたからです。母の作ったパンは私にとって「母の味」のひとつです。
子供の頃にお母さんやお父さんが作ってくれた美味しいものっていつまでも心に残っていませんか？　自分の好きなものだと特に。ちなみに父が作ってくれたもので心に残っているのは目玉焼きです。ごはんさえ炊けなかった人なので、この1回だけなんです（笑）。

パン屋さんにはたくさんの種類のパンが売られるようになりました。かっこいいおしゃれなパンも増えました。そんな中、子供の頃に食べた懐かしいパンを見かけなくなってきていることに淋しさを覚えることがあります。かといって、お店にそのパンが売っていたとしても、フランスパン（バゲットのことじゃないですよ。フランスのパンのことです）を選んでしまう。見た目がおしゃれでかっこいいパンを選んでしまいがちです。いえ、昔ながらのパンがおしゃれじゃないといっているわけではないですからね。

本書は町のパン屋さんに売っているパンとおしゃれなブーランジュリーに売っているパンの両方をご紹介しています。ブーランジュリーで売っているパンのほうには、名前だけではどんなパンなのか想像できないものもあるでしょう。本の中でだけ見たことのあるパン、初めて知るパンもあるかもしれません。ぜひ写真も楽しんでもらえたら嬉しいです。

本書は私の大好きなフランスパンを多く載せました。見た目が地味なものもあります。そんなパンこそごまかしの効かない、作るのがちょっと難しいパンが多いです。ぜひチャレンジして粉のお味を楽しんでみてください。本当はもっともっとご紹介したいパンがいっぱいあるんです。それはいつかまた…。

まずレシピのページに進む前に「美味しいパンを作るコツ（P.8）」をしっかり読んでください。ここにはミキシングや成形のコツだけでなく、道具や設備のことなどを書いています。本書は私がパンを作るときの環境が基準になっています。環境をまったく同じにすることはできません。あなたがパンを作るときの環境に合った作り方のヒントを書いています。ぜひ何度も読み返してほしいのです。

そして最初に作るパンは必ず本の通りに作ってください。ご自分の好きな粉もあるでしょう。でも最初に作るパンだけは、指定している粉を使ってください。海外在住の人は同じ粉を手に入れるのは困難でしょうから、灰分の近いもの（P.6 基本の粉参照）を使ってください。

指定している粉で作ってみて、その生地の状態を覚えておいてください。そのあとに自分の好きな粉を使って、指定した粉で作ったときの生地の状態と比べてみます。生地がゆるかったら水分を減らす、固かったら水分を増やすなどして、本書と同じ生地の状態にすることができます。同じように作るというのは、工程だけでなく生地の状態も同じようにするということです。

パン作りが上手になるには、ひとつのパンをとことん作り込むことです。もちろんいろんなパンを作ってもらいたいです。でも最初はグッと我慢して、好きなお気に入りのパンをとことん作ってみてください。コツがわかってきます。次にそのパンを基準に他のパンを作ってみます。基準のパンと比べながら作業をすると、パンから学べることがとても多いです。そして何度も作ったパンが私のように「お母さんのパン」「お父さんにパン」になるかもしれません。あなたのパン…です。

SNSで「失敗しちゃいました…」という投稿をたまに見かけます。お教室に通われている生徒さんでも同じことをいう方がいます。あなたにとって失敗しちゃったって何ですか？私は美味しくなかったときには失敗という言葉を使いますが、見た目が悪いだけのときには使いません。パンは食べ物です。「目で食べる」という言葉がありますが、食べ物はお味が一番大切。美味しかったら、それは失敗だと思わないでほしいんです。パンはカットして食べることが多いので、形が悪ければカットしてテーブルに出せばいい。形の悪い部分だけをカットしてSNSにアップすればいい。何時間もかけて作ったパンです。どうか焼き上がったパンを褒めてあげてください。「美味しそうに焼き上がったね」って。

そうそう、作り始めるときには焼き上がったパンをオーブンから取り出す瞬間、美味しそうにそれを食べているあなたやあなたの大切な人を想像してから作ってくださいね。心がこもるとそれだけさらに美味しく焼き上がるはずです。

さあ、一緒に楽しくパン作りを始めていきましょう。

松尾美香

CONTENTS

Part 1 製法別パン作り

Part 2 ブーランジュリーのパン

Part 3 町のパン屋さんのパン

材料

基本の粉
- リスドォル
 （準強力粉／蛋白10.7±0.5%／
 灰分0.45±0.03%）
- イーグル
 （強力粉／蛋白12.0±0.5%／
 灰分0.38±0.03%）、
- 全粒粉（パン用）、
- ライ麦粉（中挽き）

インスタントドライイースト、塩（シママース）、上白糖、スキムミルク

油脂分
バター（無塩）、ラード、オリーブオイル

モルト
モルトシロップ（モルト1：水1で希釈）、モルトパウダー

水
水道水、コントレックス

トッピング
ドライフルーツ類、ナッツ類、チョコレートなど

その他の粉類
コーングリッツ、ココアパウダーなど

道具

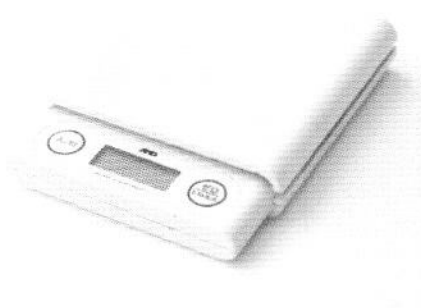

デジタルスケール

0.1g単位まで計量できるもの

ボウル（15cm、18cm）

ミキシングや成形後の発酵時に使用

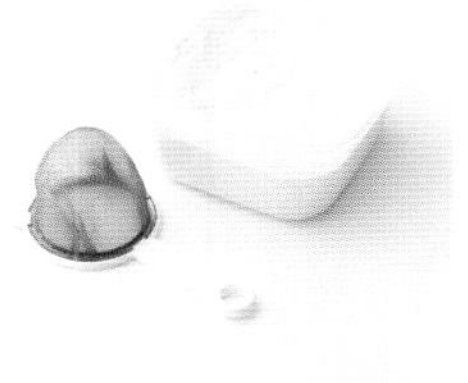

打ち粉、茶こし

打ち粉はリスドォル。生地を丸めたり成形する時に使用

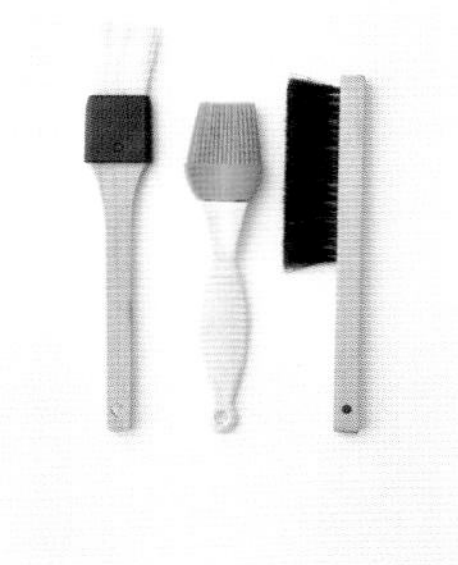

ブラシ・刷毛

ブラシはクロワッサン用、刷毛は生地に卵を塗るときに使用。型にバターを塗るときはシリコンがおすすめ

カード、ゴムベラ、めん棒、ホイッパー

カードは生地をカットや成形するときに使用。めん棒はクロワッサン系を作るときは木製を使用

板、キャンバス地、布巾、生地取り板（ストッキングを被せる）、オーブンシート

板は段ボールで代用可。布巾は無印良品の落ちワタ混布巾がおすすめ

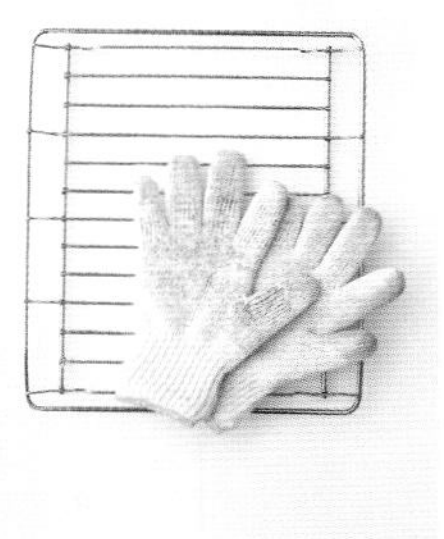

ミトンまたは軍手、ケーキクーラー

軍手は2枚重ねにして使用

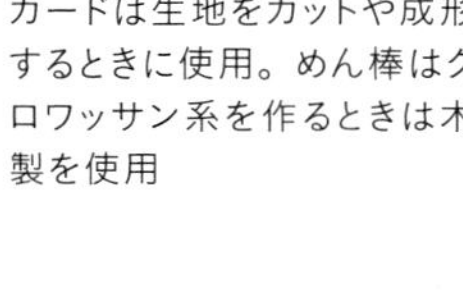

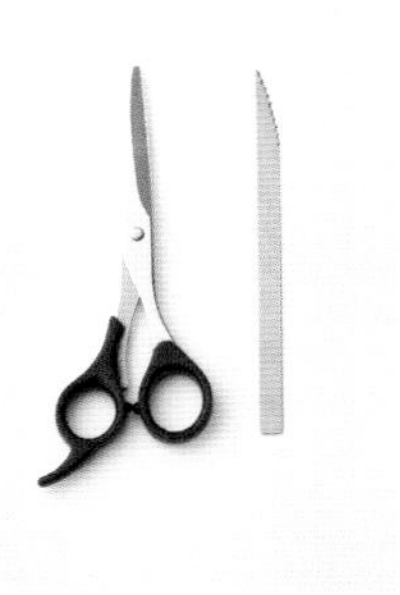

クープナイフ、ハサミ

生地に切り込みやクープを入れるときに使用

型類

食パン型（9.5×18×9cm）、セルクル（直径8cm高さ2cm）、コルネ型など

タッパー

10×10×10cmのものを使用

ビン

直径7.5cm、高さ15cm程度のもの。レーズン酵母を作るときに使用

ミキシングについて

作るパンによってミキシングの仕方が違いますが、共通するのは長くて強いグルテンを作ることです。グルテンが弱いと焼いた翌日にはパンが固くなってしまいます。しっかりこねて、強いグルテンを作ることがとても大切になります。強いグルテンができているか見極める方法があります。生地を引っ張ってみてゴムのように伸びて弾力があれば強いグルテンができています。生地を薄く伸ばして膜を見る方法もありますが、慣れないと破けやすいので、引っ張る方法がお勧めです。パン作りに慣れるまでは生地を引っ張って弾力を確認しても実はまだ足りないことが多いです。ご自身でチェックをしてみてグルテンができていると思っても、あと5分くらいこねるようにしましょう。5分間は自分の感覚よりかなり長いです。きちんとキッチンタイマーで測るようにしてください。

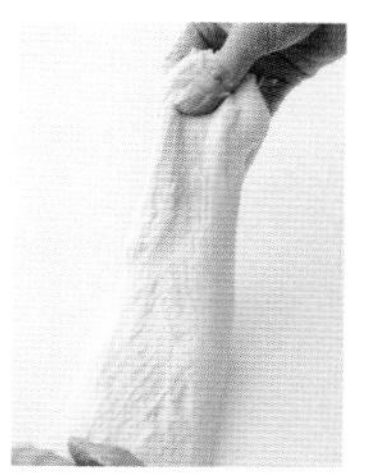
グルテンができている状態

まだの状態

発酵について

発酵器または発酵機能のあるオーブンを使用する場合は本書の通りに発酵させてください。それ以外は室温で発酵させます。室温とは18～28度です。発酵は温度と時間が反比例になります。温度が低いときは発酵時間が長くなり、温度が高いときは発酵時間が短くなります。低い温度で長く発酵させると生地が熟成され、旨みが出てさらに美味しいパンに仕上がります。冬場などは床暖房の上やこたつの中に入れるなどできるだけ暖かい場所に置いてあげるといいでしょう。

ミキシング後の発酵終了の目安はレシピの膨倍率を参考にする、またはフィンガーテストでチェックをします。フィンガーテストは打ち粉をつけた指を生地に差し、穴が縮まずそのままの状態を保っていたら発酵終了です。穴が縮むようならさらに数分間発酵させます。もう一度フィンガーテストをするときは、同じ穴に指を差して確認してください。

成形後に発酵させる場合、予熱を入れているオーブンの側（オーブンの上は不可）に置くのもいいです。発酵終了の見極めは、指に打ち粉をつけ生地の横をそっと押してみます。指の跡が残るまたはゆっくり生地が戻ってくるようになっていれば発酵終了です。あまり強く押してしまうと焼成後も指の跡が残ってしまうことがあるので気をつけてください。

またパンは乾燥が大敵です。発酵時に湿度が保てないときは、生地の上にラップ（ラップに油を薄く塗っておくと生地につきません）をふんわりかけるか、または固く絞ったぬれ布巾などをかけてあげてください。

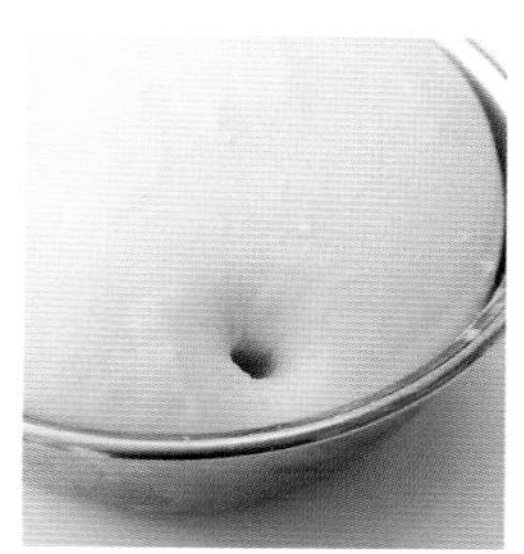
一次発酵が終了している状態

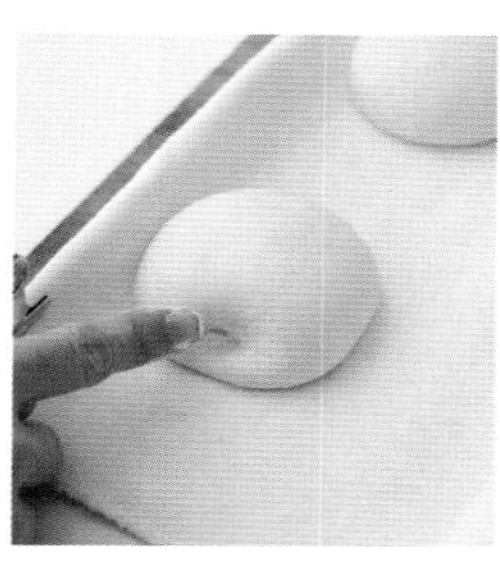
最終発酵が終了している状態

成形について

成形するときは台や手に生地がつかないように打ち粉を使用します。本書の作業工程には記載していませんが、作業するときは打ち粉を使用してください。

打ち粉を使用中

オーブンについて

オーブンは必ず予熱をして使用します。予熱完了のアラームが鳴っても庫内全体が温まっていないことがほとんどです。アラームが鳴ったあと少なくともさらに15分は予熱をしてから生地を入れて焼成するようにしましょう。

またバゲットやカンパーニュなどハード系のパンは下火がとても大切になります。しかし家庭用オーブンは下火の調整ができません。予熱を入れるときにあらかじめ天板を入れて天板をしっかり温めることによって下火の代わりにします。必ず天板を入れて予熱をするようにしましょう。本書に「最高温度で予熱を入れる」と明記されているときは、最低40分は予熱を入れるようにしてください。その際は予熱機能を使用せず、空焼きをすることをお勧めします。

またオーブンによっては焼きムラが出てしまうことがあります。強い焼き色がつく場所には生地を置かない、または途中で天板の前後を入れ替えるようにするとよいです。

本書に書かれているオーブンの温度と時間は、私のオーブンを基準にしています。オーブンによってまた同じオーブンでも経年変化がありますので、同じとは限りません。まず本書の通りに焼いてみて、焼き色が強いときは温度を下げる、焼き色が薄いときは温度を上げるようにしましょう。焼き色がつかないときは予熱がしっかり入っていないことも考えられます。予熱を入れる時間を長くしてみるのもよいでしょう。

スチームについて

スチーム機能のあるオーブンの場合は5分間スチームを入れてください。私のオーブンはスチーム機能がないので、小石を入れたバットをオーブンに入れ、天板とともに温めます。生地を入れたあと小石に向かって熱湯50ccをかけスチームを入れています。

※上記ができないときは庫内の上部に向けて霧吹きで水をたっぷりかけてください。

小石を入れたバットを入れる

Part 1

製法別パン作り

Bread Making for Each Method

ストレート法

すべての材料を一度に混ぜ、ミキシングをして生地を完成させる製法です。またミキシングから焼成までの時間が短くて済むのも特徴です。家庭で作るパンの多くはこの製法が用いられています。

作業工程は①ミキシング、②１次発酵、③分割、④成形、⑤最終発酵、⑥焼成となります。この工程はパン作りの基本なので覚えておくとよいでしょう。

「美味しいパンを作るコツ（P.8）」の発酵の箇所でも書いたように、長時間発酵させたパンは熟成されて風味豊かになり、また劣化が遅くなります。ストレート法は全工程の所要時間が短くて済みますが、各工程の見極めを誤ると、すぐに固くなるなど劣化しやすくなりますので注意しましょう。

ストレート法のミキシング

◎ 材料を混ぜる

1. ボウルに粉、イースト、砂糖、塩を入れ軽く混ぜ、水を加えしっかり混ぜ合わせる。

2. 粉気がなくなったら、台に出す。

3. 台に擦り付けるように生地を伸ばして戻す、をひと塊になるまで繰り返す。

◎ こねる

叩いてこねる

4. 両手で生地を持ち、持ったまま叩き落として二つ折りにする。

5. 90度横の生地を持ち、同様に叩き落として二つ折りにする。生地の表面がなめらかになり、弾力のあるグルテンができるまで繰り返す。

転がしてこねる

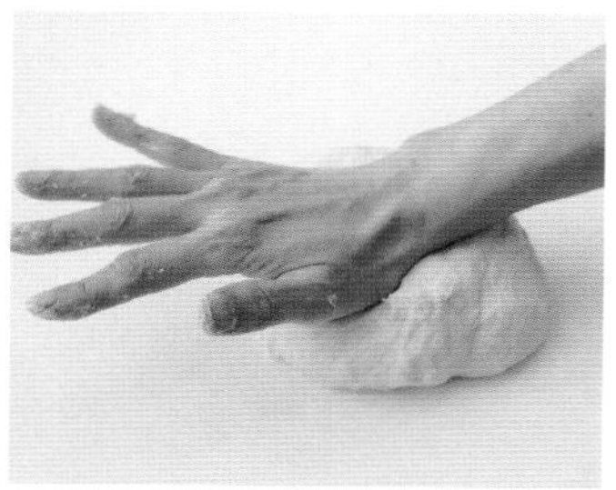

4'. 力を入れながら左手で右斜め上に転がし、転がしながら戻す。右手で左斜め上に転がし、転がしながら戻す。生地の表面がなめらかになり、弾力のあるグルテンができるまで繰り返す。

【材料】

- 粉
- インスタントドライイースト
- 砂糖
- 塩
- 水
- バター
- 具

（粉・インスタントドライイースト・砂糖・塩：ボウル）

◎ グルテンのチェック

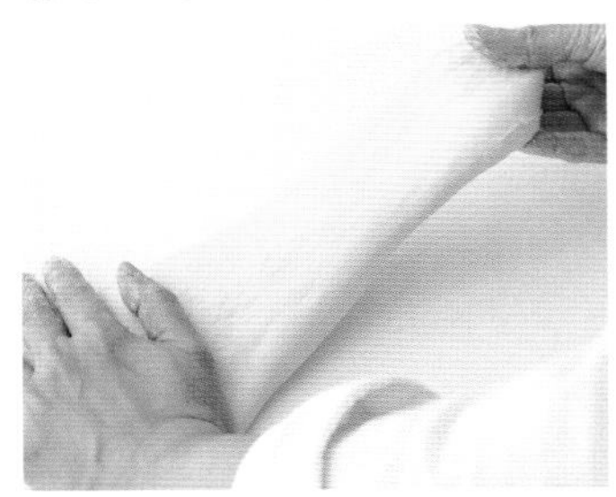

6. 生地を振りながら伸ばしてみて、すぐ切れず弾力があればこね上がり。すぐに切れるようならさらにこねる。

◎ バターを入れる

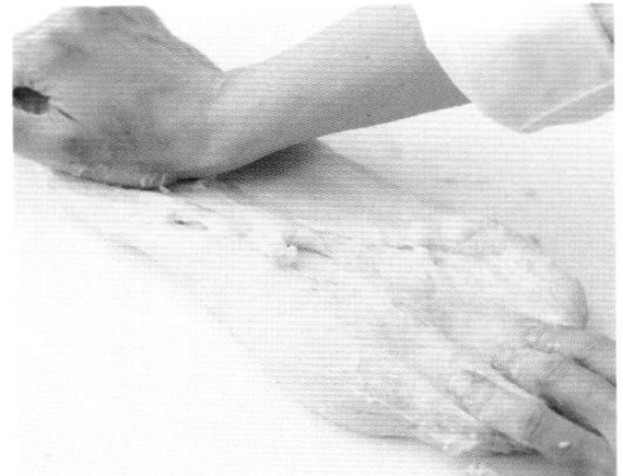

7. カードで細かくカットしたバターを生地にのせ、台に生地を擦り付けるようにして混ぜ込む。
※バターは使用する直前まで冷蔵庫に入れておく。

◎ 具を入れる

8. 生地を広げ、具の2/3を生地の半分に散らし、具がのっていない生地を被せる。

9. 残りの具を生地の半分に散らし、具がのっていない生地を被せ、軽く押さえる。

10. カードで生地をカットし重ねる、を数回繰り返し、具を混ぜ込む。

◎ 丸める

11. 台に打ち粉をし、生地を丸める。

バゲット

短時間で手軽に作れるバゲット。
成形の際、生地をとじるときには、
端から端までを同じ力でやるときれいに仕上がります。

バゲット

【材料】（28cm 2本分）

イーグル …… 140g
リスドォル …… 100g
インスタントドライイースト …… 1.5g
塩 …… 4.5g
水 …… 160g
モルト …… 2g

【作り方】 ※ P.12～13ストレート法の「ミキシング」**1**～**6**まで進める。

1. 1個204gに2分割にする。

2. 手前からゆるく巻き、90度向きを変えてさらにゆるく俵型に巻く。

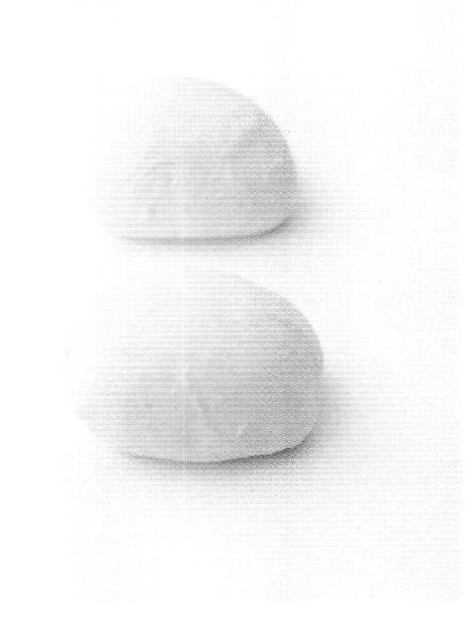

3. 巻き終わりを下にしてラップをふんわりかけ、室温で30分発酵させる。

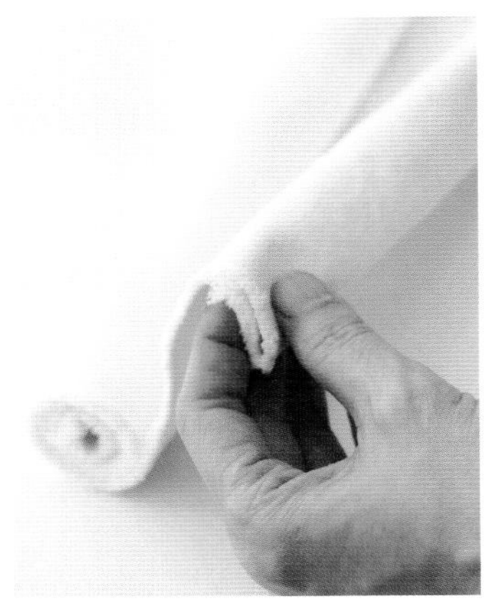

4. キャンバス地の端から2cmを裏側に折り、もうひと折りする。

5. クリップで留め、板にのせる。

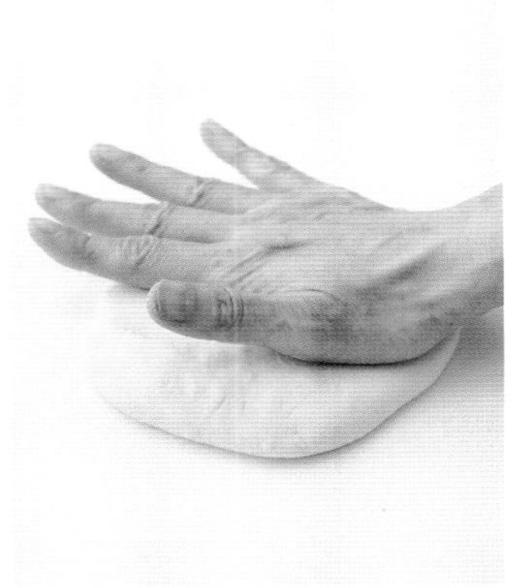

6. 手のひらで押さえて、しっかりガスを抜く。

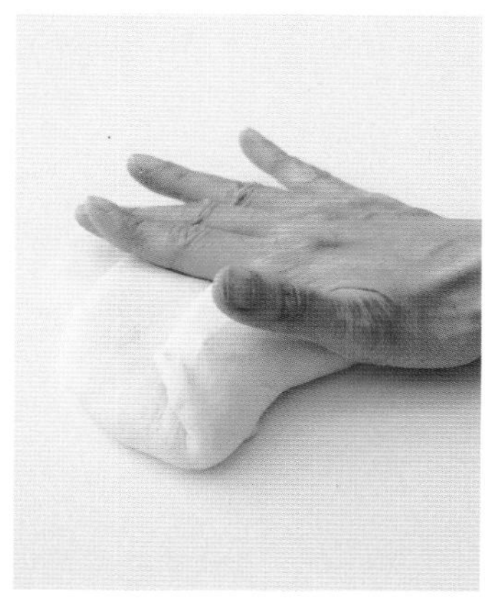

7. 手前から1/3生地を折り、手のひらでしっかり押さえる。

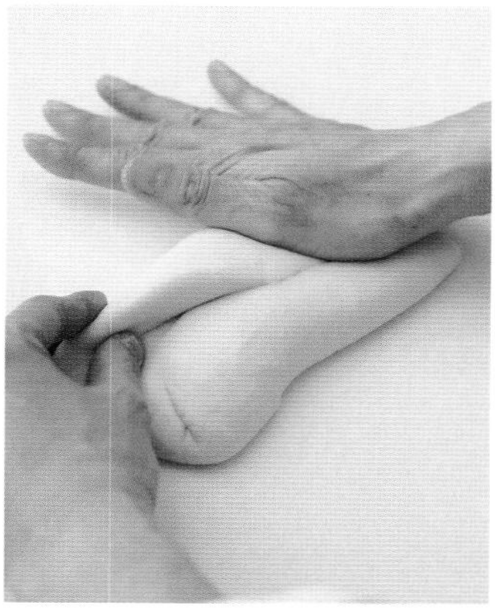

8. 向こう側の生地を少し重なるように折り、手のひらでしっかり押さえる。

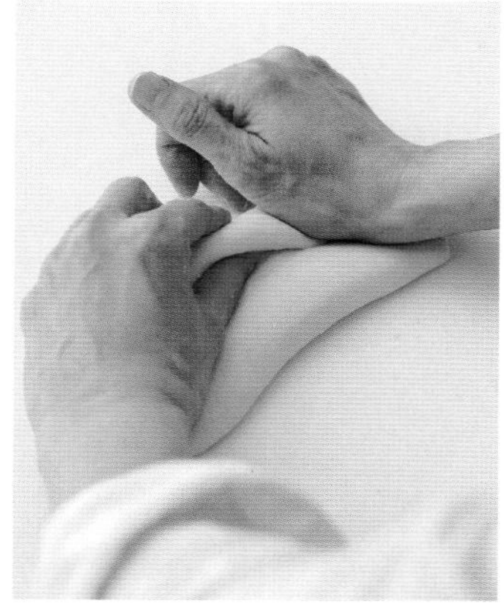

9. 向こう側から1/3に折りながら、生地の端を右から左へ押さえていく。

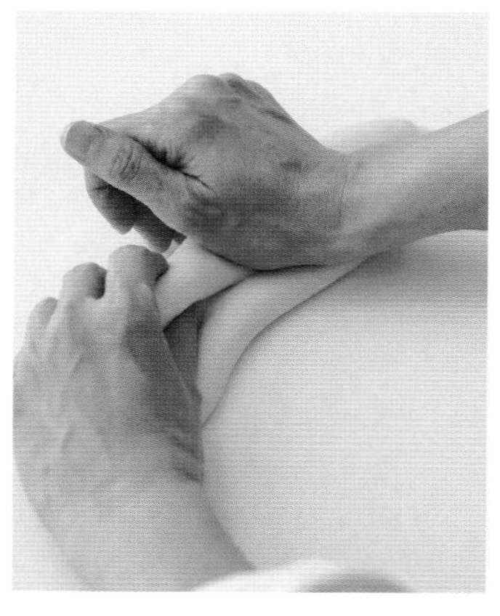

10. 向こう側から1/3に折りながら、生地の端を右から左へ押さえていく。

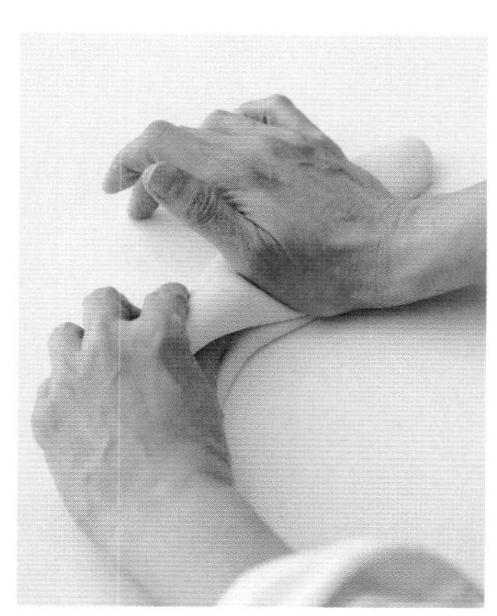

11. 向こう側から半分に折りながら、生地の端を右から左へとじていく。

12. 転がしながら26cmに伸ばし、両サイドをつまむ。

13. とじ目を下して、キャンバス地にのせる(成形後手前だった部分をクリップのある方向に必ず置く。これを間違えるとクープが開きにくくなる)。

14. 35℃で30分発酵させる。オーブンに天板を入れ、最高温度で予熱する。30分経ったら、そのまま冷蔵庫に15分入れる。

15. クリップのある方を左側に置き、生地取り板に生地をのせてオーブンシートに移す。

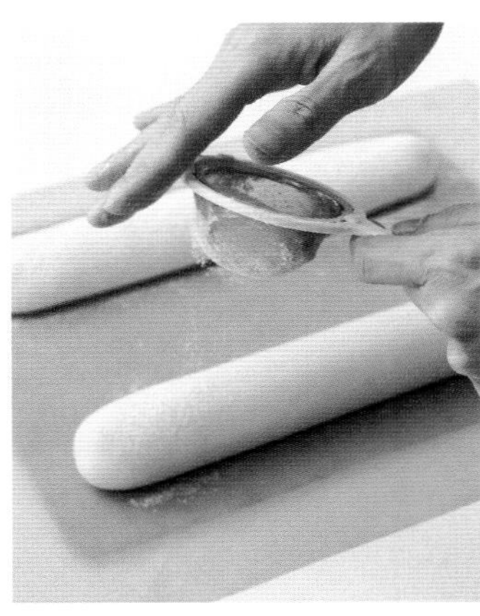

16. 左側を自分の方に向け（成形が終わった状態と同じ位置になる）、打ち粉をふるう。

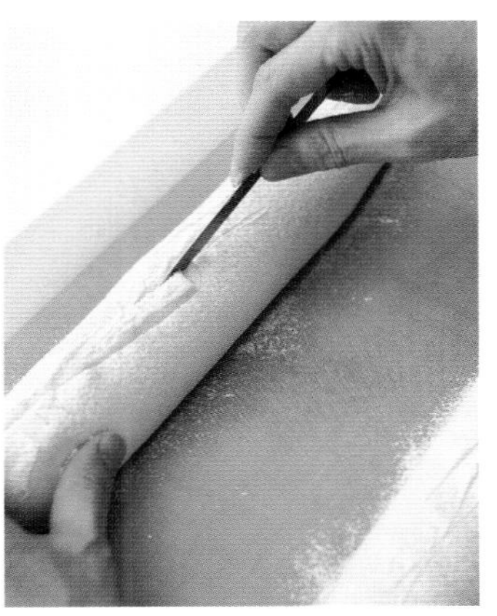

17. ガイドラインを引き、クープを4本入れる（「クープの入れ方」参照）。

18. 生地にオーブンシートをかぶせ、天板に移動させる。

19. オーブンにスチームを入れて最高温度で5分、オーブンシートをはずし、230℃に下げ15分焼成する。オーブンから出し、ケーキクーラーにのせて粗熱をとる。

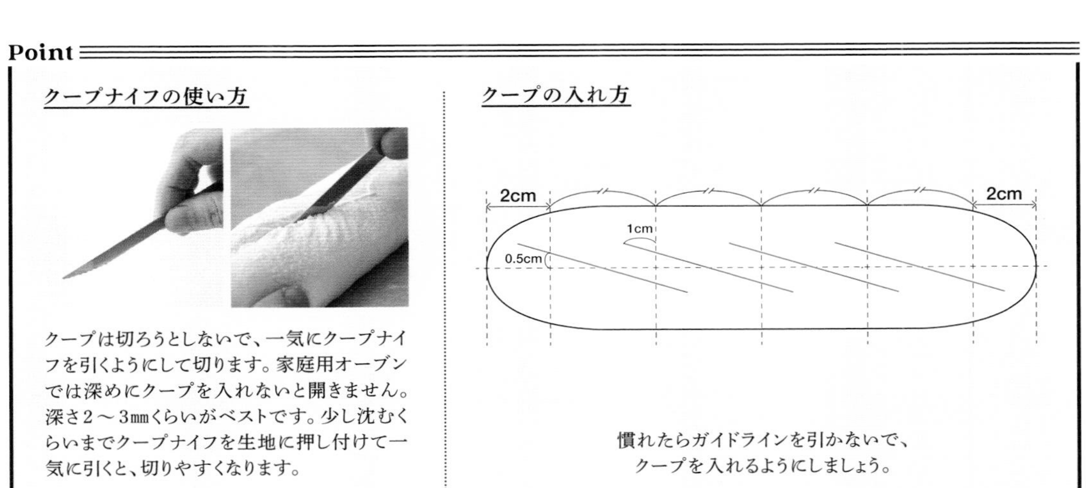

Point

クープナイフの使い方

クープは切ろうとしないで、一気にクープナイフを引くようにして切ります。家庭用オーブンでは深めにクープを入れないと開きません。深さ2〜3㎜くらいがベストです。少し沈むくらいまでクープナイフを生地に押し付けて一気に引くと、切りやすくなります。

クープの入れ方

慣れたらガイドラインを引かないで、
クープを入れるようにしましょう。

バゲット ヴィエノワズリ

中はしっとり、外はサクッとした甘いバゲット。
細かいクープを入れるのが特徴です。

【材料】（26cm 2本分）

リスドォル	190g
イースト	1.5g
砂糖	8g
塩	3.4g
卵	40g
牛乳	70g
バター	40g

【作り方】　※ P.12～13ストレート法の「ミキシング」**1～7・11**まで進め、28℃～30℃で60分発酵させる。

1. 1個175gに2分割し、手前からゆるく巻く。90度向きを変えてさらに俵型にひと巻きする。巻き終わりを下にし、ラップをふんわりかけ、15分おく。

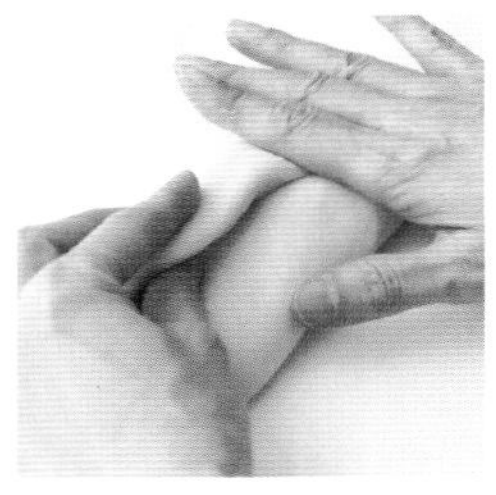

2. 手のひらでガスを抜き、手前から3つ折りをする。

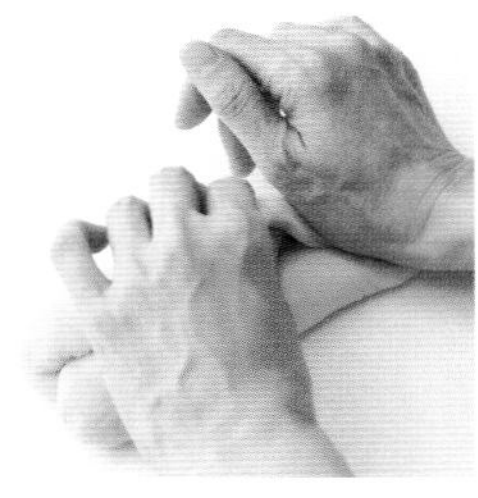

3. 向こう側から1/3に折りながら、生地の端を右から左へ押さえていく。さらに向こう側から1/3に折りながら、生地の端を右から左へ押さえていく。

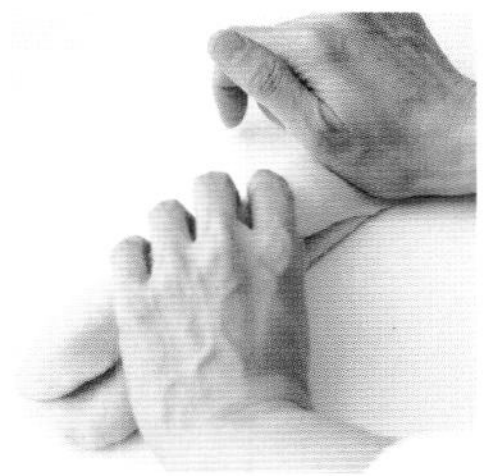

4. 向こう側から半分に折りながら生地の端を右から左へとじていく。

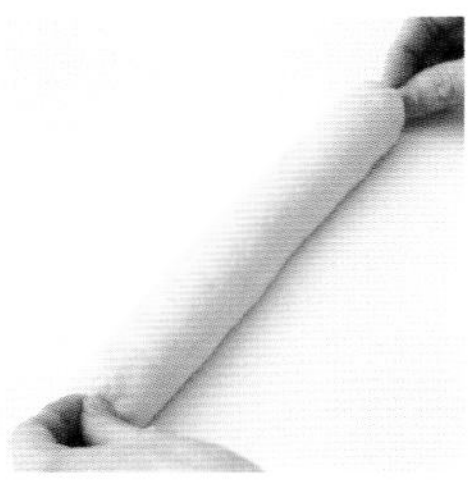

5. 転がしながら24 cmに伸ばし、両サイドをつまむ。

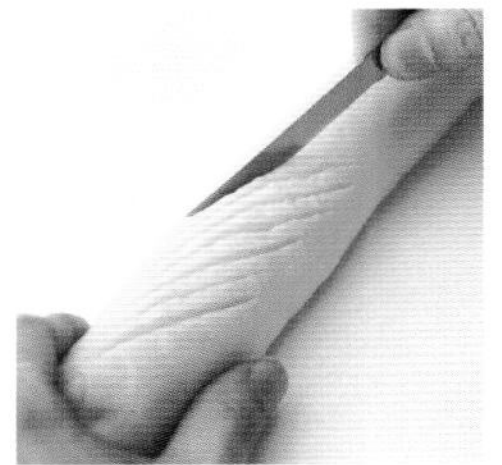

6. すぐに5mm間隔で斜めにクープを入れ、キャンバス地にのせる。残りも同様にする。35℃で45分発酵させる。オーブンに天板を入れ、230℃で予熱する。

7. 生地取り板で生地をオーブンシートに生地を移す。刷毛で卵（分量外）を塗り、210℃のオーブンで15分焼成する。

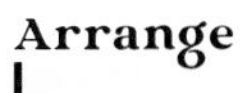

Arrange

バゲット ヴィエノワズリ ショコラ

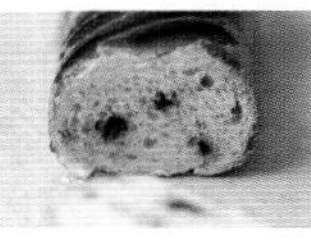

【材料】
（26cm 2本分）
チョコチップ…25g

【作り方】
工程**3～4**のときにチョコチップを3回に分けて入れる。

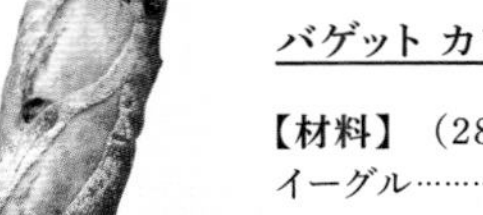

バゲット クランベリー ノワ

【材料】（28cm 2本分）

イーグル	140g
リスドォル	100g
インスタントドライイースト	1.5g
塩	4.5g
水	160g
モルト	2g
クランベリー	30g
クルミ	40g

◎ クランベリーは水に10分漬けて水切りする。くるみは160℃のオーブンで10分ローストし、水に10分漬けて水切りする。

【作り方】
P.12～13 ストレート法の「ミキシング」**1～6・8～10**まで進め、以降はP.15「バゲット」と同様に行う。
※1個240gに2分割する。

バゲット カフェ

【材料】（28cm 2本分）

イーグル	100g
リスドォル	110g
全粒粉	25g
インスタントコーヒー	10g
インスタントドライイースト	1.5g
塩	4.5g
水	160g
アーモンド	20g

◎ アーモンドは160℃のオーブンで10分ローストする。水に10分漬けて水切りし、細かくカットする。

【作り方】
P.12～13 ストレート法の「ミキシング」**1～6・8～10**まで進め、以降はP.15「バゲット」と同様に行う。
※1個215gに2分割する。

シャンピニオン

一度は作ってみたい憧れのパン。中をくり抜いてシチューを入れて食べるのがおすすめ。

【材料】（5個分）

リスドォル ………… 220g
インスタントドライイースト ………… 2g
塩 ………… 3.6g
水 ………… 150g

【作り方】

※ P.12〜13ストレート法の「ミキシング」**1**〜**6**・**11**まで進め、28℃〜30℃で50分発酵させる。

1. 1個65gを5個と1個10gを5分割する。それぞれを丸め、ラップをふんわりかけ、10分休ませる（**a**）。

2. 大きい生地はしっかり丸める。小さい生地は大きい生地と同じ大きさにめん棒で伸ばす（**b**）。

3. 伸ばした生地の中心に水（分量外）を刷毛で塗り、生地の周りに油（分量外）を指先で塗る。

4. **3**の上にとじ目を上にした丸めた生地をのせ、キャンバス地にのせる。35℃で30分発酵させる（**c**）。オーブンに天板を入れ、最高温度で予熱する。

5. キャンバス地からオーブンシートに移す。オーブンシートに移したら、打ち粉をつけた菜箸で中心に穴を開ける（**d**）。オーブンにスチームを入れ、230℃で15分焼成する。

a
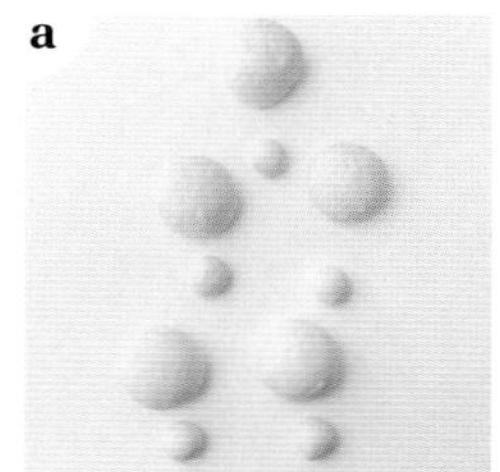

b
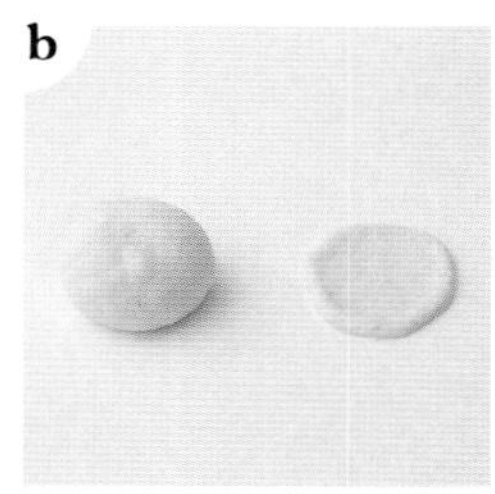

c
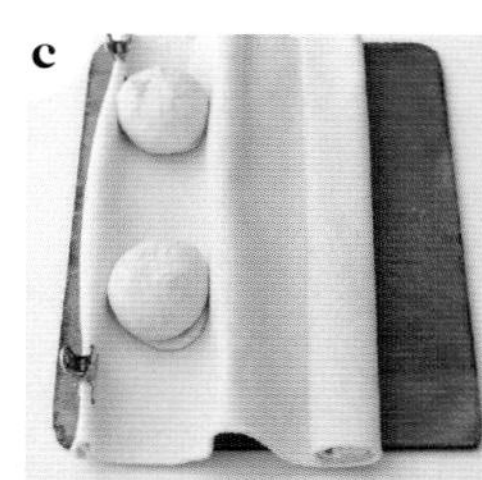

d
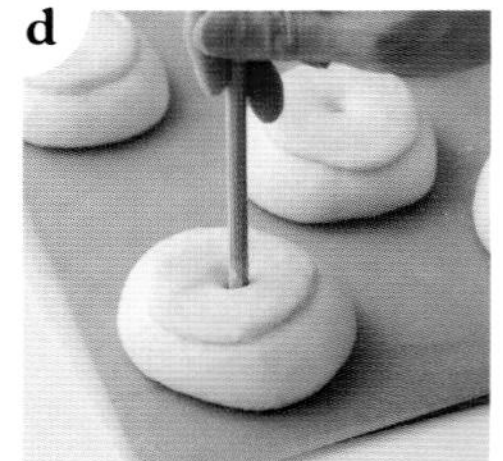

タバティエール

「嗅ぎたばこ入れ」という意味のパン。

【材料】（6個分）

リスドォル	220g
インスタントドライイースト	2g
塩	3.6g
水	150g

【作り方】

※ P.12〜13ストレート法の「ミキシング」**1**〜**6**・**11**まで進め、28℃〜30℃で50分発酵させる。

1. 1個75gに5分割し、しっかり丸める。ラップをふんわりかけ、10分休ませる。
2. とじ目を下にしておき、生地の1/3をめん棒で伸ばし、生地を上下ひっくり返す（**a**）。
3. 伸ばした生地の中心に水（分量外）を刷毛で塗り、生地の周りに油（分量外）を指先で塗る（**b**）。
4. 伸ばした生地をはがし、生地の上に被せる。被せた生地を下にしてキャンバス地にのせ（**c**）、35℃で30分発酵させる。オーブンに天板を入れ、最高温度で予熱する。
5. キャンバス地からオーブンシートに生地を移す（**d**）。オーブンにスチームを入れ、230℃で15分焼成する。

a

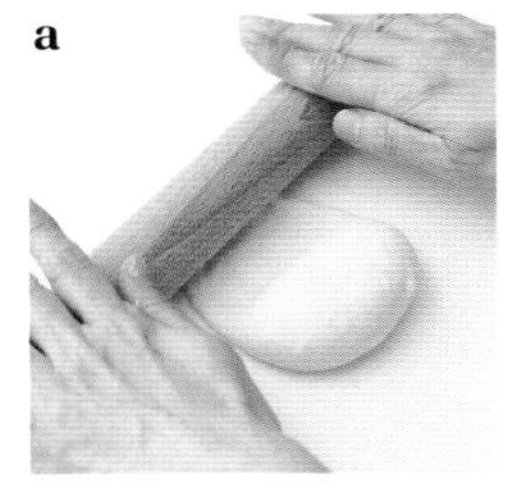

b

c

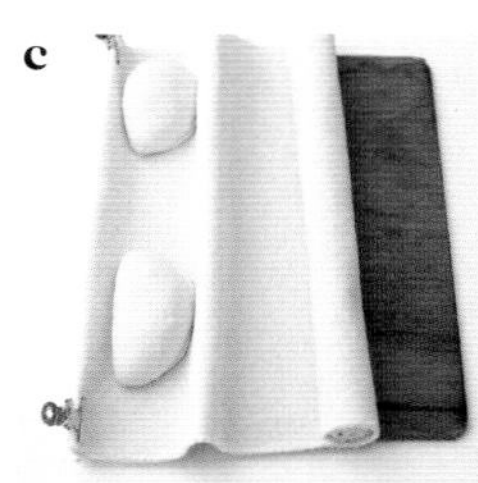

d

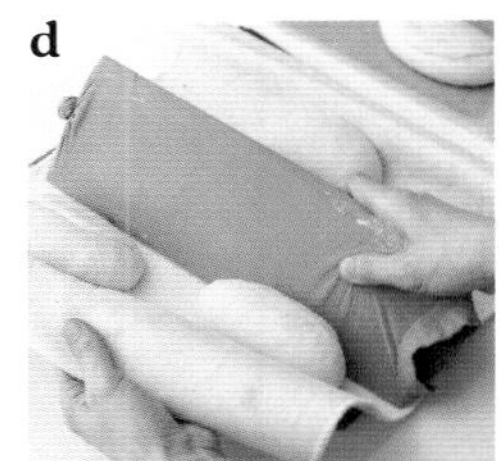

チョコマーブル

プレーンとココアの生地どちらを上に重ねるか、
外側から生地を通すか、内側から生地を通すかで表情が変わってきます。

チョコマーブル

【材料】（22㎝1個分）

イーグル	160g
インスタントドライイースト	3g
砂糖	20g
塩	2.8g
卵	15g
牛乳	110g
バター	15g
ココア（ココア生地用）	6g

【作り方】 ※ P.12 ～ 13 ストレート法の「ミキシング」**1**～**7**まで進める。

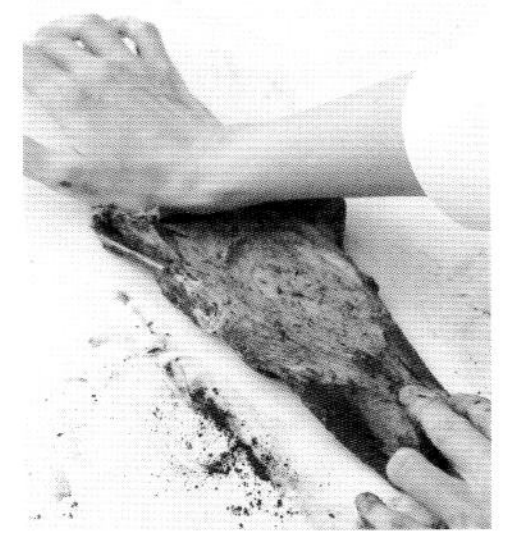

1. 1個160gに2分割にし、1個にココアを混ぜ合わせる。それぞれを丸め、28℃～30℃で40分発酵させる。

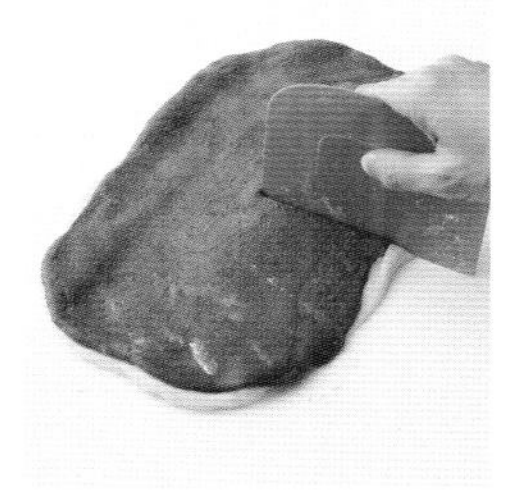

2. それぞれの生地を15×30㎝に伸ばす。2枚を重ねて半分にカットする。

3. 2枚をさらに重ねる。ラップをかけ、10分おく(4枚重ねになっている)。

4. めん棒で直径25㎝の円形に伸ばす。中心1㎝を残し、8等分にする。

5. それぞれの生地の中心に切り込みを入れる。

6. 切り込みに生地を1～2回通す。

7. オーブンシートに生地を移し、35℃で30分発酵させる。オーブンを180℃で予熱する。

8. 180℃で10分焼成する。

食パン

私はグーンと釜伸びした食パンよりほどよく伸びて、しっとりした食感の方が好き。

【材料】
(9×18.5×9.5cmの食パン型1斤分)

イーグル …… 250g
インスタントドライイースト …… 5g
砂糖 …… 12g
塩 …… 4.5g
スキムミルク …… 10g
水 …… 190g
バター …… 25g

【下準備】
◎ 食パン型にバター(分量外)を塗る。

【作り方】
※ P.12〜13ストレート法の「ミキシング」**1〜7・11**まで進め、28℃〜30℃で40分発酵させる。

1. 2倍に発酵したらガスを抜き、1個248gに2分割して俵型にする。ラップをかけ、10分休ませる。
2. 巻き終わりを上にして、めん棒で18×12cmに伸ばす。
3. 両端を中心に向かって折り、合わせ目を軽く押さえる(**a**)。
4. 向こう側からひと巻ごとに、生地を張らせるように手前に向かって巻く(**b**)。
5. 巻き終わりをとじ、とじ目を下にして型に入れる(**c**)。35℃で60分発酵させる。オーブンを190℃で予熱する。
6. 生地が型の高さまで発酵したら(**d**)、オーブンにスチームを入れ、190℃で25分焼成する。

a

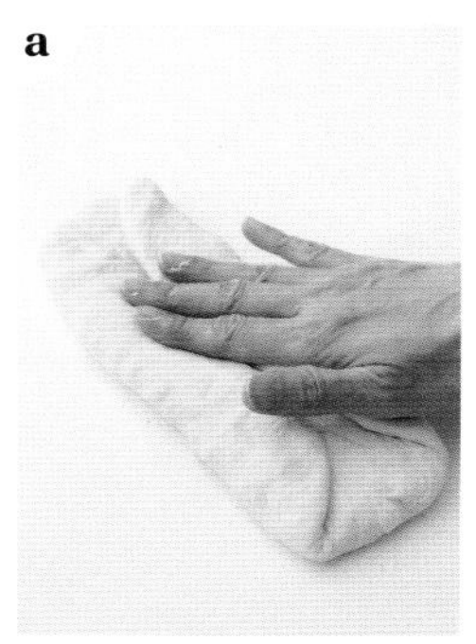

b

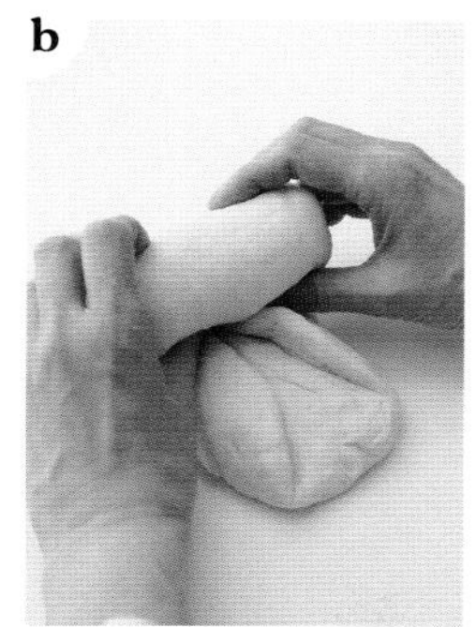

c

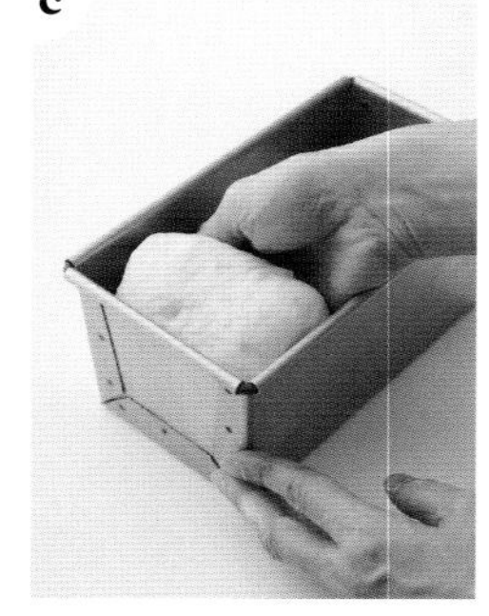

d

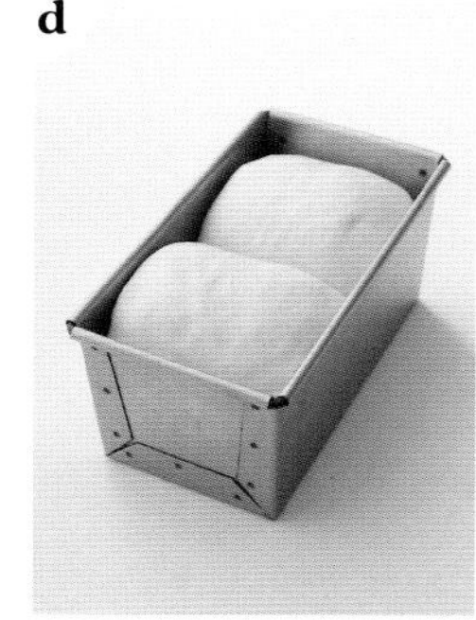

レーズンの食パン

**どこをカットしてもレーズンが出てくる
レーズン好きにはたまらない食パン。**

【材料】（9×18.5×9.5cmの食パン型1斤分）
※ P.24「食パン」と同じ+以下
ドライレーズン……80g

【下準備】
◎ レーズンは水に10分漬け、水切りしておく。
◎ 食パン型にバター（分量外）を塗る。

【作り方】
※ P.12～13ストレート法の「ミキシング」**1～7・11**まで進め、28℃～30℃で40分発酵させる。

1. 2倍に発酵したらガスを抜き、俵型にする。ラップをかけ、10分休ませる。
2. 巻き終わりを上にして、めん棒で30×17cmに伸ばし、レーズンを散らす。
3. 手前から巻き、巻き終わりをとじる。とじ目を下にして型に入れる。35℃で60分発酵させる。オーブンを190℃で予熱する。
4. 生地が型の高さまで発酵したら、オーブンにスチームを入れ、190℃で25分焼成する。

パン ド ミ メランジェ

**数種類のドライフルーツと
ナッツを入れた贅沢な食パン。**

【材料】（9×18.5×9.5cmの食パン型1斤分）
※ P.24「食パン」と同じ+以下
ドライサルタナレーズン……20g
ドライチェリー……10g
ドライグリーンレーズン……20g
オレンジピール……15g
アーモンド……15g

【下準備】
◎ サルタナレーズン、ドライチェリー、グリーンレーズンは水に10分漬け、水切りしておく。アーモンドは160℃のオーブンで10分ローストし、水に10分漬けて水切りしておく。
◎ 食パン型にバター（分量外）を塗る。

【作り方】
※ P.12～13ストレート法の「ミキシング」**1～11**まで進め、28℃～30℃で40分発酵させる。

1. 2倍に発酵したらガスを抜き、1個288gに2分割してゆるく丸める。ラップをかけ、10分休ませる。
2. ガスを抜き、両手で生地を包みながら円を書くように転がし、しっかり丸める。
3. とじ目を下にして型に入れる。35℃で60分発酵させる。オーブンを190℃で予熱する。
4. 生地が型の高さまで発酵したら、オーブンにスチームを入れ、190℃で25分焼成する。

オートリーズ法

オートリーズ法は粉と水分の一部を混ぜ合わせ、30分～60分おく製法のこと。時間をおくことで粉に水がしっかり浸透し、ミキシングをしなくてもグルテンが形成されます。そのため残りの材料を加えてからミキシングする時間が短縮されるという利点があります。混ぜ合わせた直後は生地が切れやすいですが、時間をおくと生地が長く伸びるようになっています。残りの材料を入れる前に、一度生地を触ってみるといいでしょう。逆に長くミキシングをしてしまうと過剰になってしまうことがあるので、やさしく短時間でミキシングをするようにしてください。ちなみに私はオートリーズ法で作ったバゲットが大好きです。

【材料】

● オートリーズ
- リスドォル …… 180g
- 水 …… 180g

● 本ごね
- リスドォル …… 80g
- インスタントドライイースト … 1g
- 塩 …… 4.6g
- オートリーズ …… 全量

【作り方】

◎オートリーズ

1. オートリーズ用のリスドォルと水をよく混ぜ、60分室温におく。

◎本ごね

2. 本ごねの材料をよく混ぜる。両手で生地を持ち、持ったまま叩き落として二つ折りにする。

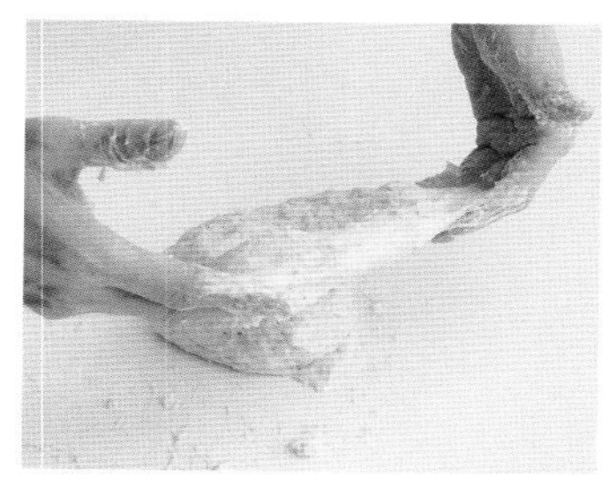

3. 90度横の生地を持ち、同様に叩き落として二つ折りにする。生地の表面がなめらかになり、弾力のあるグルテンができるまで繰り返す。

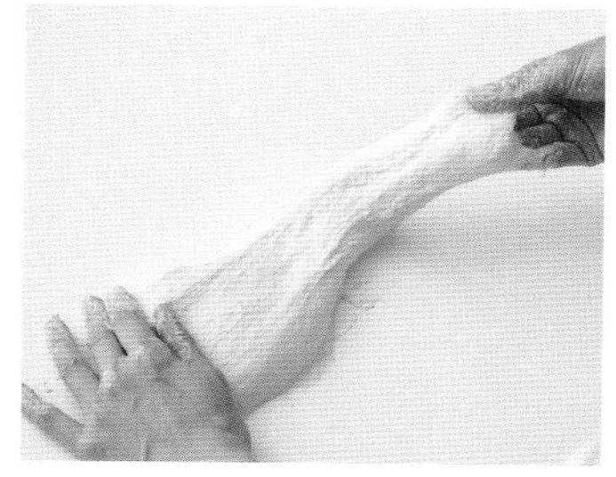

4. 生地を振りながら伸ばしてみる。すぐ切れず、しっかりした弾力ができていればこね上がり。生地を丸め、室温で30分おく。

5. 生地を左右に切れる直前まで引っ張りながら三つ折りし、90℃回転させて同様に三つ折りする(パンチ)。

6. 室温で30分発酵させる。P.15～17を参照してバゲットを作る。P.116を参照してブールを作る。

ポーリッシュ法

ポーリッシュ法はポーランド発祥の製法です。粉の一部と同量の水分に酵母（本書の場合はインスタントドライイースト）を加え、よく混ぜて時間をおきます。酵母がよく働き、焼成したときにボリュームが出るのが特徴です。

【材料】

● **ポーリッシュ**

リスドォル	70g
インスタントドライイースト	2g
水	70g

● **本ごね**

リスドォル	170g
塩	4.3g
ポーリッシュ	全量
水	85g

【作り方】

◎ポーリッシュ

1. ポーリッシュ用の材料をよく混ぜ、60分室温におく。

◎本ごね

2. 本ごねの材料をよく混ぜる。

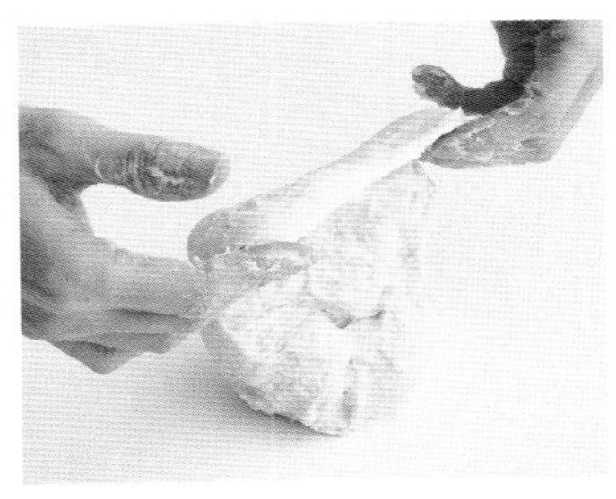

3. 両手で生地を持ち、持ったまま叩き落として二つ折りにする。

4. 90度横の生地を持ち、同様に叩き落として二つ折りにする。生地の表面がなめらかになり、弾力のあるグルテンができるまで繰り返す。

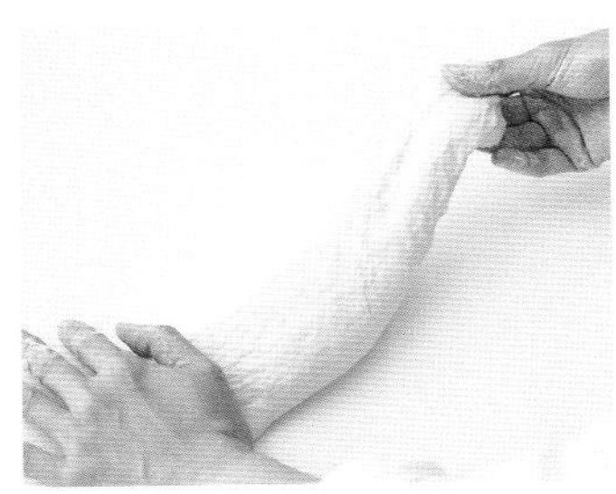

5. 生地を振りながら伸ばしてみる。すぐ切れず、しっかりした弾力ができていればこね上がり。

6. 生地を丸め、室温で30分おく。P.15 ～17を参照してバゲットを作る。P.116を参照してブールを作る。

バゲット トマト フロマージュ

製法別パン作り

まるでピザのようなバゲット。成形時にクープを4本入れても。

【材料】（26cm 2本分）

- ● オートリーズ
  - リスドォル …… 40g
  - 水 …… 30g
- ● 本ごね
  - リスドォル …… 200g
  - インスタントドライイースト …… 1.5g
  - 塩 …… 4.3g
  - トマトジュース（無塩） …… 160g
  - オートリーズ …… 全量
- ピザ用チーズ …… 適量
- コーン …… 適量
- ケチャップ …… 適量

【作り方】

※ P.26「オートリーズ法」**1**〜**6**まで進める。

1. 1個215gに2分割し、俵型にして15分おく（**a**）。
2. P.15-**4**〜P.17-**15**と同様に行う（**b・c**）。
3. クープを1本入れ、コーンとピザ用チーズをのせ、ケチャップをかける（**d**）。
4. オーブンにスチームを入れ、最高温度で5分、230℃で10分焼成する。

a

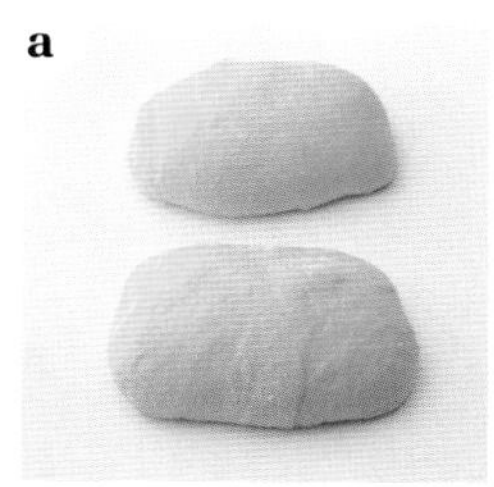

b

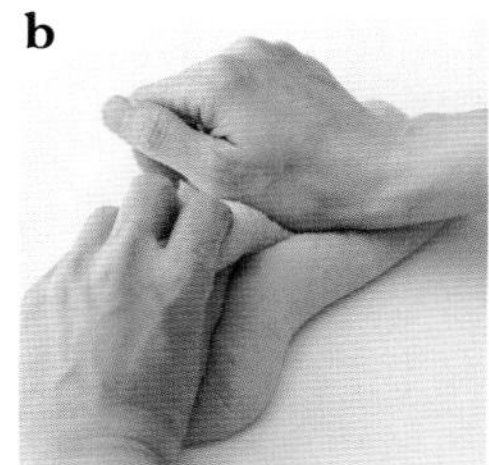

c

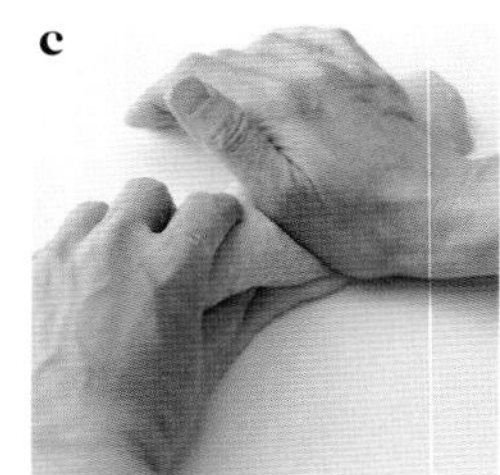

d

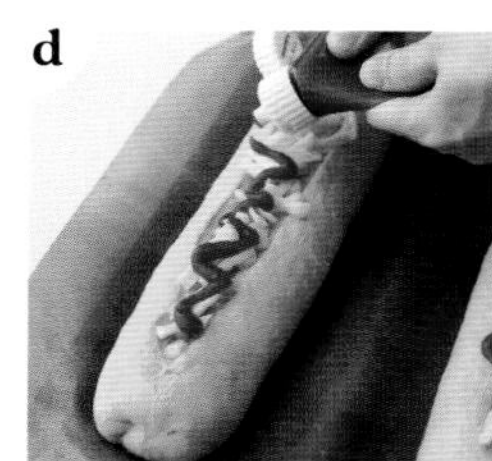

食パン

いつもの食パンとちょっと違うのを感じてみて。

【材料】

（9×18.5×9.5cmの食パン型1斤分）

● **ポーリッシュ**

- イーグル……200g
- インスタントドライイースト　1g
- 水……200g

● **本ごね**

- イーグル……50g
- インスタントドライイースト　1g
- 砂糖……15g
- 塩……4.5g
- ポーリッシュ……全量

【下準備】

◎ 食パン型にバター（分量外）を塗る。

【作り方】

1. ポーリッシュの材料をボウルに入れ、ホイッパーでしっかり混ぜる。室温で4時間おく。
2. すべての材料を入れ、混ぜ合わせたらボウルから出す。台に擦り付けるように、生地を押したり戻したりを繰り返す。
3. ひとかたまりになったら、両手で持って生地を叩く。
4. 生地がなめらかになって弾力のあるグルテンができるまで叩く。28℃～30℃で1時間発酵させる（**a**）。
5. 1.8倍に発酵したら、1個235gに2分割する（**b**）。
6. 両手で生地を包みながら転がし、しっかり丸める（**c**）。
7. 型に入れ（**d**）、35℃で50～60分発酵させる。オーブンに天板を入れ、240℃で予熱する。
8. 生地が型の高さまで発酵したら、オーブンにスチームを入れ、220℃で25分焼成する。

a

b

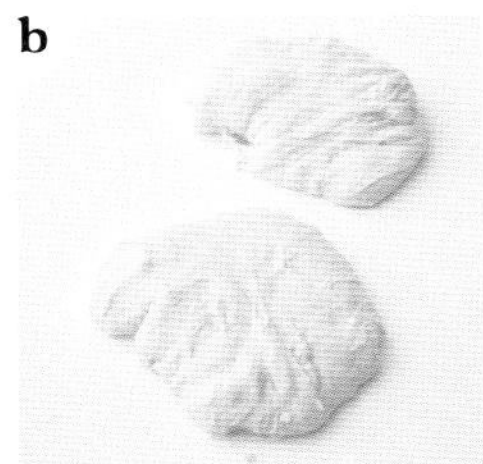

c

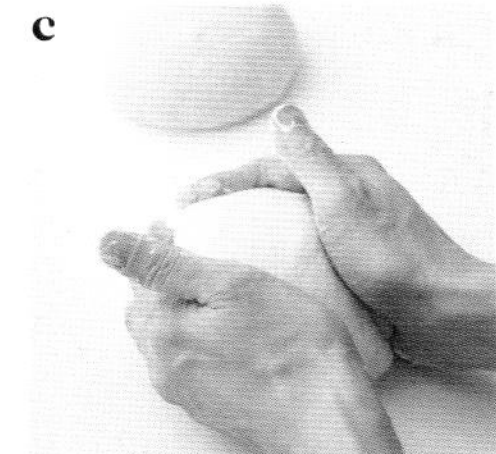

d

発酵生地について

あらかじめ発酵させた生地を使って作るときの生地を「発酵生地」と呼びます。現在、発酵生地はそのためにわざわざ作って使用しますが、元々はイーストを使ったバゲット生地などの残りを使っていました。パンの風味や旨味を出したり、酸味を少し入れたいときは、時間の経過した発酵生地を使用します。また、発酵促進や計量しにくい微量のイーストの代わりに使用するときなどは、新しい発酵生地が便利です。

余った発酵生地では、バゲットやプチパンを作るといいでしょう。また、時間がたった発酵生地はグルテンが切れていて伸ばしやすく、旨味が出ています。薄く伸ばしてピザにするのもおすすめです。

【材料】

リスドォル	200g
インスタントドライイースト	1g
塩	4g
水	130g

【作り方】

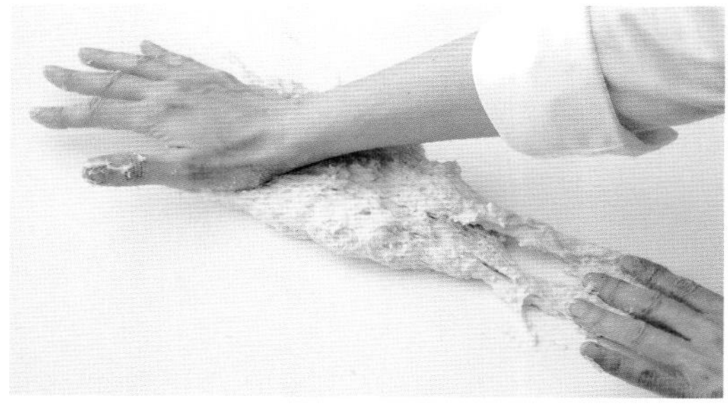

1. 材料混ぜ、台の上でよく擦り付けるようにこねる。

2. 生地が少し伸びるようになったら丸める。28℃～30℃で60分発酵させる。

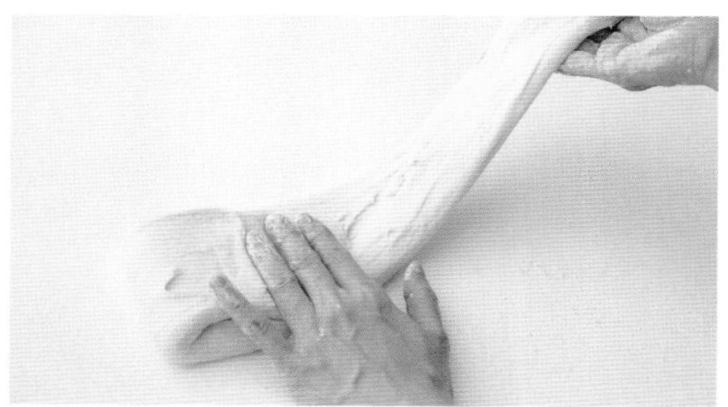

3. 生地を左右に切れる直前まで引っ張りながら三つ折りし、90度回転させて同様に三つ折りする(パンチ)。

4. 28℃～30℃で60分発酵させる。冷蔵庫で保管し、2～3日のうちに使い切る。

◎発酵生地が余ったら

【バゲットの作り方】

1. 1個120～130gに分割する。
2. 手前からゆるく巻き、巻き終わりを上にしてさらにひと巻きする（俵型）。15分休ませる。
オーブンに天板を入れ、最高温度で予熱する。
3. 角を正面になるようにおき、手のひらで軽く平らにする。
4. 向こう側に生地を手前に持ってくる。
5. 重ねた生地の端に親指を添えて、向こう側にグッと押す。
6. 向こう側から半分に折りながら生地の端を右から左へとじていく。
7. 両サイドが細くなるように両手で20㎝になるまで転がす。
8. とじ目を下にしてキャンバス地にのせる。35℃で30分発酵させる。オーブンに天板を入れ最高温度で予熱する。
9. 生地をキャンバス地からオーブンシートに移す。打ち粉をし、クープを入れ、オーブンシートを被せる。
10. スチームを入れ、最高温度で5分、オーブンシートを外し温度を下げ230℃で8分焼成する。

【プチパンの作り方】

1. 1個40～60gに分割する。
2. しっかり丸めてとじ目を下にしてキャンバス地もしくはオーブンシートにのせる。
3. 35℃で30分発酵させる。オーブンに天板を入れ、最高温度で予熱する。
4. キャンバス地を使った場合は生地をオーブンシートに移す。打ち粉をし、クープを入れ、オーブンシートを被せる。
5. スチームを入れ、最高温度で5分、オーブンシートを外し温度を230℃に下げて4分焼成する。

インスタントドライイースト

インスタントドライイーストは素晴らしい酵母だと思っています。インスタントドライイーストでパンを作るとイースト臭がする、すぐ固くなるという声も聞きますが、これはイーストが原因ではありません。ミキシング不足・発酵不足が原因です。特にミキシング時にしっかりグルテンができているかをチェックしてください。パン作りは感覚で見極めることが多いので、最初は判断がつきにくいかもしれません。何度も作っていくうちに感覚がつかめていきますので、安心してください。

マルグリート

マーガレットの形をしたかわいらしいパン。
バゲットの成形した生地で大輪の花を咲かせましょう。

マルグリート

【材料】（25cm 1個分）

リスドォル …… 200g
コーングリッツ …… 50g
発酵生地 …… 40g
インスタントドライイースト …… 2.5g
塩 …… 4.5g
水 …… 150g
黒ごま …… 適量

【作り方】 ※ P.12〜13ストレート法の「ミキシング」**1**〜**6**・**11**まで進め、28℃〜30℃で30分発酵させる。

1. 60gを6個と残り(87g)に分割する。手前からゆるく巻き、90度向きを変えてさらにひと巻きする(俵型)。巻き終わりを下にしてラップをかけ、15分おく。

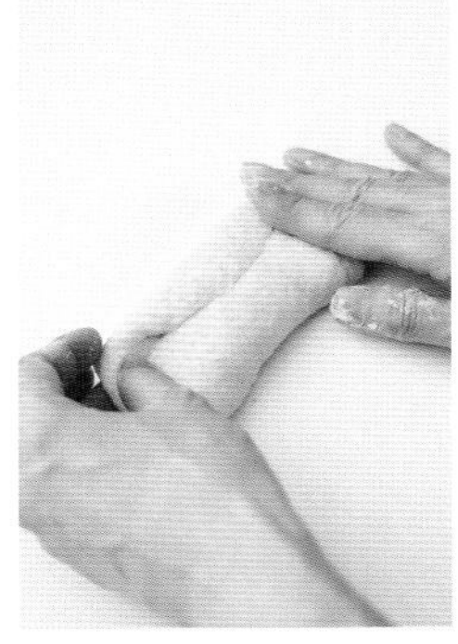

2. 台に87gの生地をおき、手のひらでガスを抜き、手前から三つ折りする。

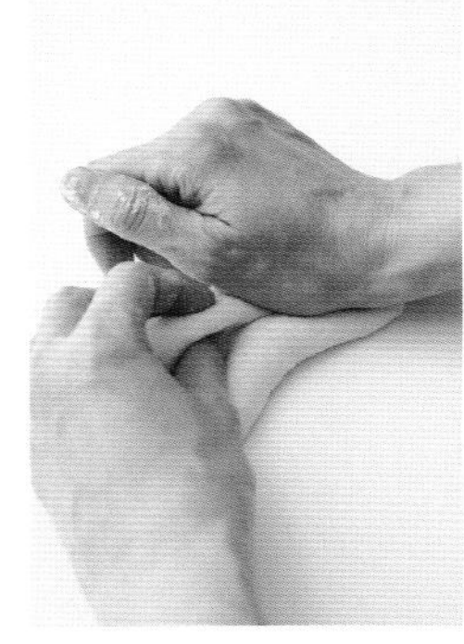

3. 向こう側から1/3に折りながら、生地の端を右から左へ押さえていく。さらに向こう側から1/3に折りながら、生地の端を右から左へ押さえていく。

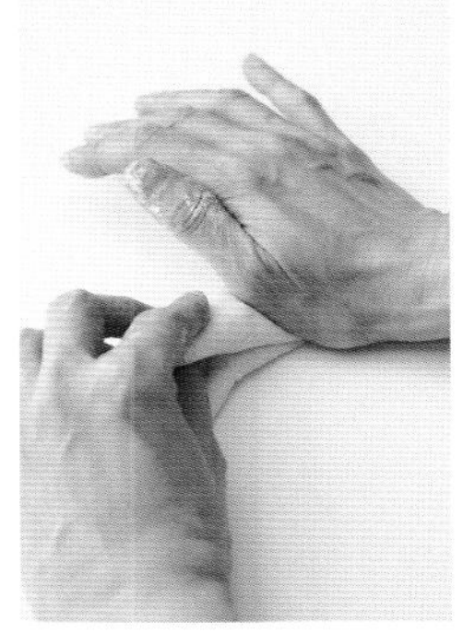

4. 向こう側から半分に折りながら、生地の端を右から左へとじていく。

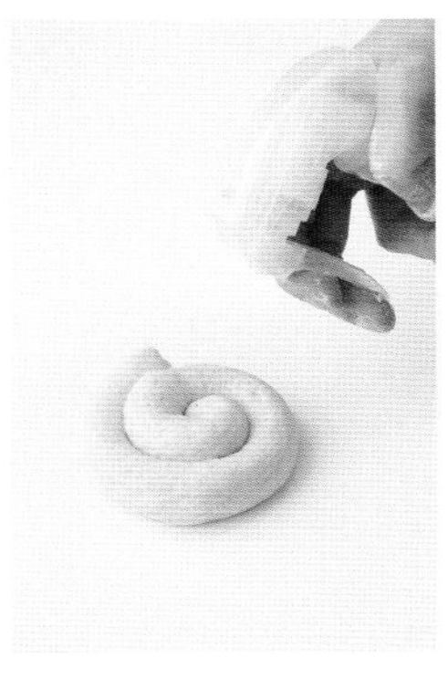

5. 転がしながら26cmに伸ばす。とじ目を下にしてぐるりとひと巻きし、霧吹きをかけ、黒ごまを貼り付ける。

6. 残りも**2**〜**4**を同様に行い、二つ折りにして**5**の周りにおく。

7. 35℃で30分発酵させる。オーブンに天板を入れ、最高温度で予熱する。

8. 周りの生地に打ち粉をし、それぞれにクープを1本ずつ入れる。オーブンにスチームを入れ、240℃で20分焼成する。

抹茶のカスタードロール

**抹茶を入れたカスタードで
一味違った美味しさを。**

【材料】（6個分）

イーグル	180g
発酵生地	30g
インスタントドライイースト	1.5g
砂糖	15g
塩	3.2g
スキムミルク	6g
卵	30g
水	90g
バター	30g

● **抹茶のカスタードクリーム**

卵黄	1個	
砂糖	20g	
コーンスターチ	6g	※
抹茶	4g	※
牛乳	100g	

【下準備】

◎ 抹茶のカスタードを作る（P.131参照）。
※コーンスターチと抹茶は混ぜてふるう。

【作り方】

※ P.12～13ストレート法の「ミキシング」**1**～**6**・**11**まで進め、28℃～30℃で60分発酵させる。

1. 巻き終わりを上にして台におき、めん棒で20×30㎝に伸ばす。
2. 向こう側1㎝を残し、カスタードクリームを塗る。
3. 手前から巻き、巻き終わりをしっかりとじる。6等分にカットし、カットした面を上にしてアルミカップ（8号）にのせる。35℃で30分発酵させる。オーブンを190℃で予熱する。
4. 卵（分量外）を塗り、180℃のオーブンで13分焼成する。

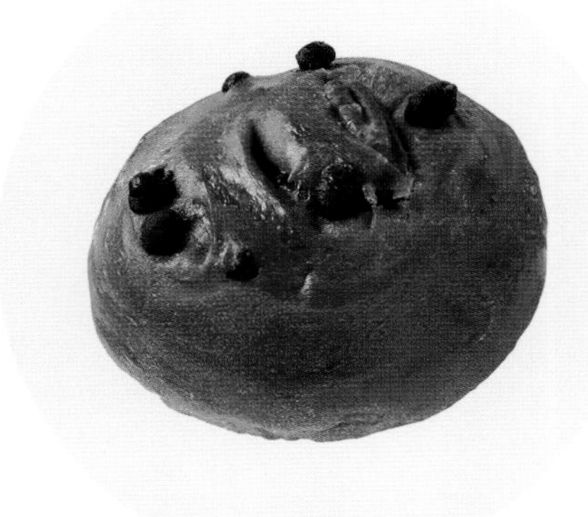

ココアロール

上にアイシングをかけても美味しいです。

【材料】（6個分）

イーグル	180g
ココア	6g
発酵生地	30g
インスタントドライイースト	1.5g
砂糖	15g
塩	3.2g
スキムミルク	6g
卵	30g
水	90g
バター	30g
ピーカンナッツ	30g
チョコチップ	40g

【下準備】

◎ ピーカンナッツは160℃のオーブンで10分ローストする。水に漬けて水切りし、半分に割る。

【作り方】

※ 「抹茶のカスタードロール」と同様。
2でピーカンナッツとチョコチップを散らす。

バナナアーモンドクリームロール

**バナナアーモンドクリームは生地の端までしっかり塗って。
端を食べた人も楽しめるように。**

【材料】（6個分）

- イーグル ……… 180g
- 発酵生地 ……… 30g
- インスタントドライイースト ……… 1.5g
- 砂糖 ……… 15g
- 塩 ……… 3.2g
- スキムミルク ……… 6g
- 卵 ……… 30g
- 水 ……… 90g
- バター ……… 30g
- ● バナナアーモンドクリーム
  - バター ……… 30g
  - 粉糖 ……… 25g
  - 卵 ……… 30g
  - 薄力粉 ……… 5g
  - アーモンドプードル ……… 30g
  - バナナ ……… 1/2本
- アーモンドスライス ……… 適量

【下準備】

◎ バナナアーモンドクリームを作る。

1. バナナをフォークの背でペースト状にする。
2. 室温に戻したバターをボウルに入れ、ホイッパーで柔らかくする。
3. 粉糖を加え、白っぽくなるまですり混ぜる。
4. 卵を2〜3回に分けて加え、そのつどしっかり混ぜ合わせる。
5. 薄力粉とアーモンドプードルを入れ、ゴムベラでざっくり混ぜる。
6. **1**を加えて混ぜ合わせたら、使用する直前まで冷蔵庫で休ませる。

【作り方】

※ 「抹茶のカスタードロール」と同様。

2でバナナのアーモンドクリームを塗る。

4で卵（分量外）を塗り、アーモンドスライスを散らす。

Column

叔父のベーコンエピ

10年近く年に数回お教室に通ってくれている叔父夫婦がいます。
叔父は説明をあまり聞かずに作業を進めていって、最初の頃は焼き上げるまで大変でした（叔父がこれを読んだら驚きそうですね（笑））。ベーコンエピを気に入ってくれて、レッスンのたびに必ず作ります。作った回数は40回以上になるかもしれません。何度も作ることで最初に作ったエピと比べて見違えるほどシャープな穂先になっていて、かっこいいエピが焼き上がるようになりました。私のお教室でかっこいいエピを作る人のベスト5に入るくらい。何度も同じものを繰り返し作ることで上達が早くなります。あなたも気に入ったパンがあったら、ぜひそれを繰り返し作ってみてください。

クーロンヌ ボルドレーズ

中心のフリルが立ち上がったら大成功!!

【材料】（25㎝ 1個分）

リスドォル	220g
ライ麦粉	30g
全粒粉	20g
発酵生地	130g
インスタントドライイースト	2g
塩	4.8g
水	175g

【作り方】 ※ P.12～13ストレート法の「ミキシング」**1**～**6**・**11**まで進め、28℃～30℃で60分発酵させる。

1. 60gを8個と100g を1個に分割してそれぞれを丸める。ラップをかけ、15分おく。

2. キャンバス地にリスドォルまたはライ麦粉をふるう。

3. 100gの生地をめん棒で19㎝の円形に伸ばし、**2**にのせる。

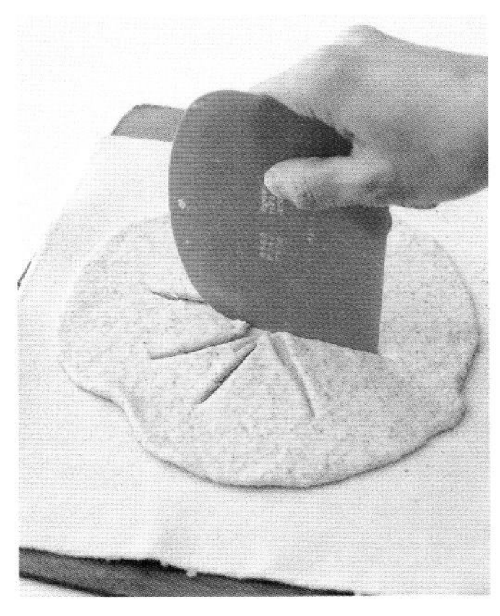

4. 中心をカードで8等分の切り込みを入れる。

5. 外側に油(分量外)を塗る。

6. 60gの生地をきつめに丸め、とじ目を上にして1cm弱外側に飛び出るようにおく。

7. 丸めた生地の内側から上に向かって水(分量外)を塗る。

8. 切り込みを入れた生地を引っ張りぎみに中心までもってきて貼り付ける。

9. 35℃で35分発酵させる。オーブンに天板を入れ、最高温度で予熱する。

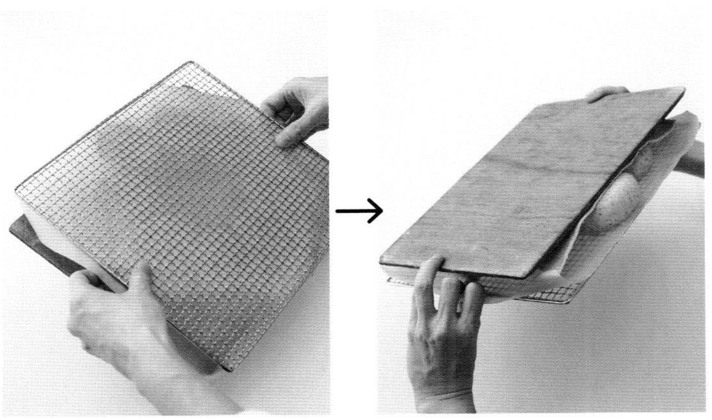

10. オーブンシートと板で挟み、生地をつぶさないようにひっくり返して移す。

11. オーブンにスチームを入れ、230℃で25分焼成する。

ヘーゼルナッツロール

1本の棒状になってしまうので生地はねじり過ぎないように。

【材料】（6個分）

イーグル	110g
全粒粉	20g
ヘーゼルナッツプードル	10g
発酵生地	20g
インスタントドライイースト	3g
砂糖	10g
塩	2.5g
牛乳	100g
バター	20g
ヌテラ	80g
ヘーゼルナッツ	20g

【下準備】

◎ ヘーゼルナッツは160℃のオーブンで8分ローストする。袋に入れ、めん棒で叩いて細かくする。

【作り方】

※ P.12〜13ストレート法の「ミキシング」**1**〜**7**・**11**まで進め、28℃〜30℃で40分発酵させる。

1. めん棒で40×25㎝に伸ばし、下半分にヌテラを塗ってヘーゼルナッツを散らす（**a**）。
2. 生地をかぶせて軽くめん棒で均したら、カードで6本にカットする（**b**）。
3. 生地を向こう側にねじり、左を中心に反時計回りに1周させる（**c**）。巻き終わりをひとつ手前の生地の下に入れ、アルミカップ（8号）にのせる（**d**）。35℃で30分発酵させる。オーブンを180℃で予熱する。
4. 180℃のオーブンで10分焼成する。

a

b

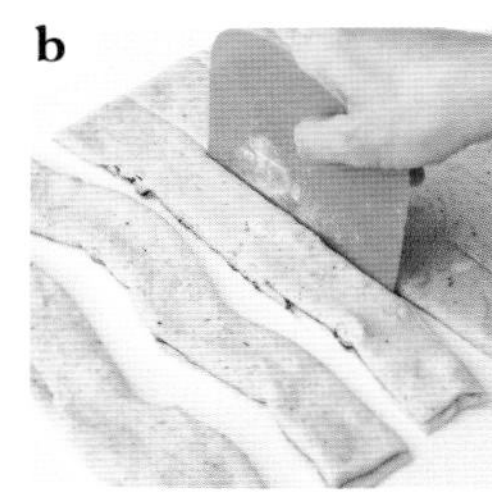

c

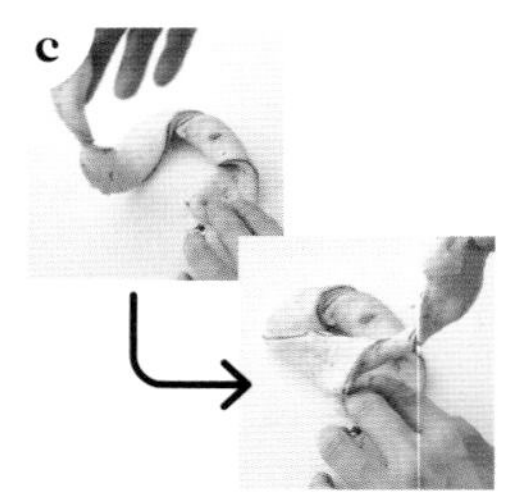

d

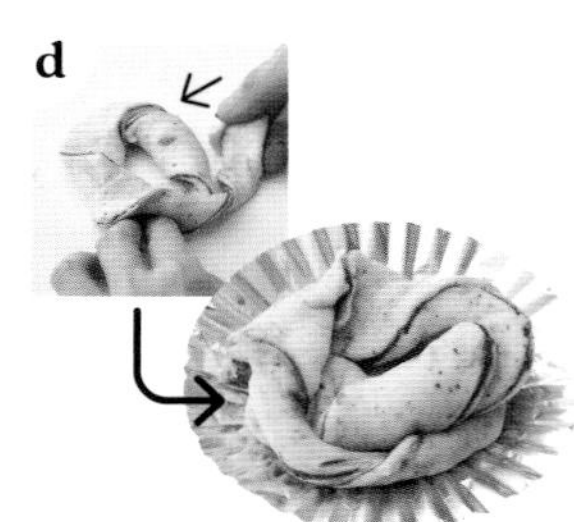

オートミールブレッド

ミネラルたっぷりな栄養価の高いパン。

【材料】（20cm 2本分）

リスドォル	200g
オートミール	35g
熱湯	40g
発酵生地	40g
インスタントドライイースト	1g
塩	4.1g
水	150g

【下準備】

◎ オートミールと熱湯を混ぜて1時間おいておく。

【作り方】

※ P.12〜13ストレート法の「ミキシング」**1**〜**6**・**11**まで進め、28℃〜30℃で60分発酵させる。

1. 1個235gに2分割にし、手前からゆるく巻く。
2. 巻き終わりを上にして軽く手で押さえ、上部を三角に折る（**a**）。
3. 向こう側から二つ折りにし、生地の端に親指を添え、向こう側にグッと押す（**b**）。
4. 向こう側から半分に折り、生地の端を右からとじていく。
5. 霧吹きをかけてオートミール（分量外）をつける（**c**）。
6. キャンバス地にのせ、35℃で30分発酵させる。オーブンに天板を入れ、最高温度で予熱する。
7. オーブンシートに移してクープを1本入れ（**d**）、オーブンシートを被せる。オーブンにスチームを入れて250℃で5分、オーブンシートをはずし、220℃で15分焼成する。

a

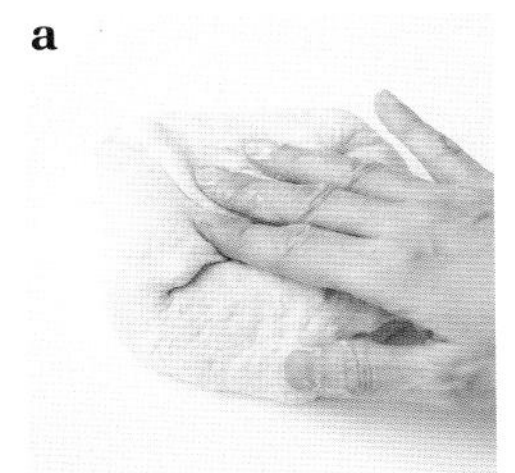

b

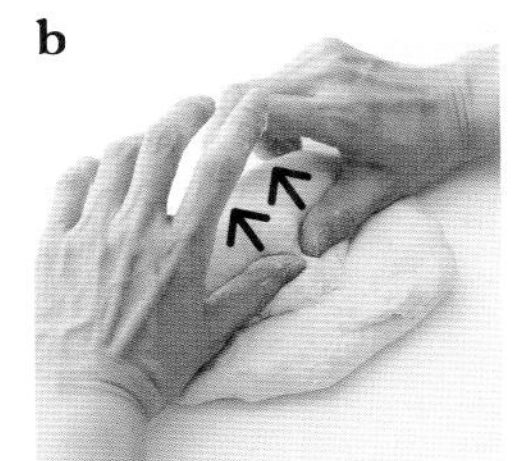

c

d

少イースト

粉に対してイーストの量を微量にし、ゆっくり発酵させていきます。

高加水

粉に対して水分量の多い生地です。本書で作る高加水のミキシングは、叩いたり転がしたりしないものもあります。粉と水を混ぜることでグルテンが形成し、生地を伸ばすことで長くて強いグルテンを作ります。

低温長時間発酵

長時間発酵させることで粉の芯まで水分が浸透し、旨味を増したパンが焼き上がります。また、ミキシングから成形までに時間があるので、パン作りするためだけに一度に長い時間を確保する必要がなく、忙しい人にとても向いている製法です。

高加水のミキシング

【材料】

- リスドォル……250g
- インスタントドライイースト……0.2g
- 塩……4.5g

- 水……145g
- コントレックス……30g
- モルト……2g

Point

高加水生地を成形する時は打ち粉を多めに使いましょう。

【作り方】

1. タッパーに水分を入れ、あらかじめよく混ぜておいた粉類を加える。

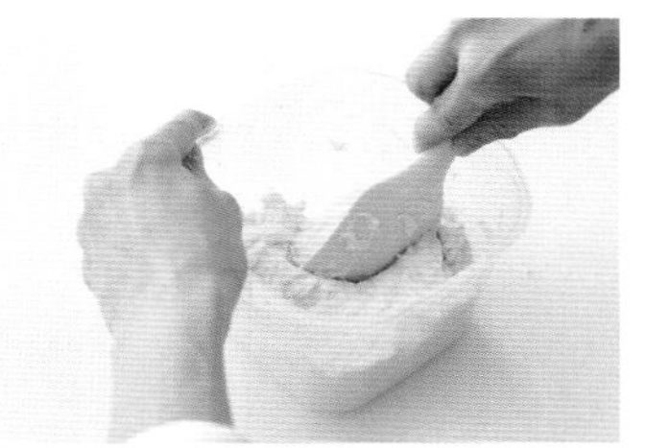

2. ゴムベラで粉気がなくなるまでしっかり混ぜる。

3. 粉気がなくなったら、ゴムベラに生地を引っ掛け、ゆっくり持ち上げて生地を伸ばす。

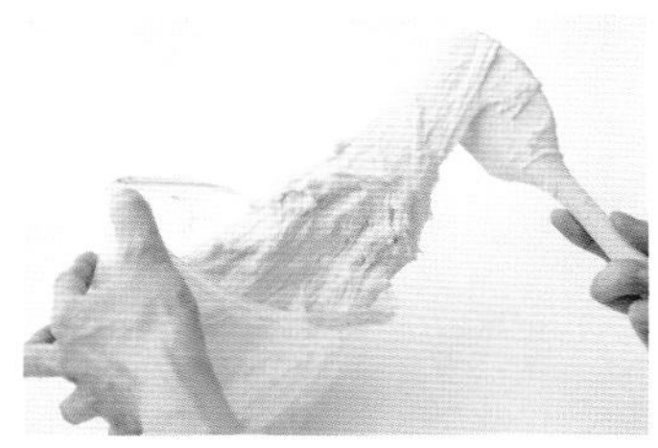

4. 切れる直前に二つ折りをして生地を落とす。

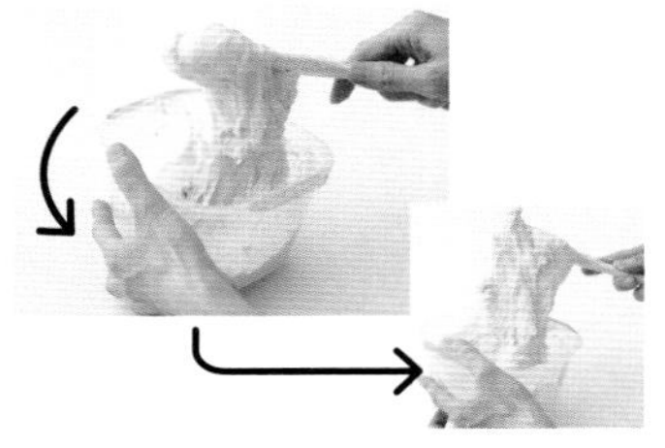

5. タッパーを回転させ、同様に生地を引っ掛けて伸ばすを指定回数繰り返す。

6. 室温に指定時間おく。

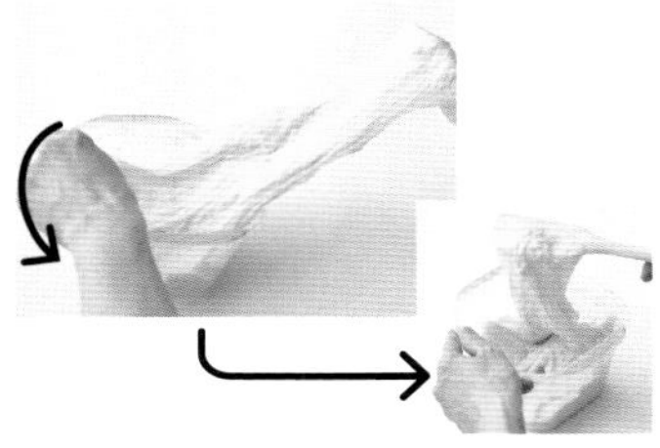

7. 生地を伸ばして落とすを指定回数繰り返す(パンチ)。

8. 室温に指定時間おく。

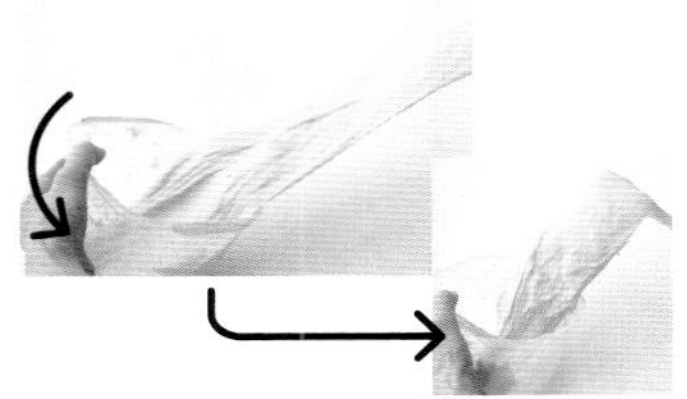

9. 生地を伸ばして落とすを指定回数繰り返す(パンチ)。

10. 室温で最終膨倍率(ミキシング後1次発酵が終了するまでに生地が膨らむ割合)より若干小さいくらいまで発酵させる。

11. 冷蔵庫に入れ、室温と冷蔵庫で発酵させる時間を合わせて17〜24時間、最終膨倍率になるまでおく。

Point

作るパンによって パンチの回数は変える

生地を引っ掛けて伸ばす回数とパンチの回数は、作るパンによって違なります。また、具を入れる場合は、**3〜4**を2回行ってから具を入れ、具がある程度混ざるまで**3〜4**を繰り返します。

パンド カンパーニュ

「田舎」という意味のパン。パンの素朴さを味わって。

パン ド カンパーニュ

少イースト　高加水　低温長時間発酵

【材料】（23㎝ 1個分）

リスドォル …… 120g
全粒粉 …… 40g
ライ麦粉 …… 40g
インスタントドライイースト …… 0.2g
塩 …… 3.6g
モルト …… 1g
水 …… 120g
コントレックス …… 30g

【下準備】

◎ 15㎝のボウルに布巾をかけ、打ち粉をたっぷりふるう。

【作り方】

1. タッパーに材料を入れ、ゴムベラで粉気がなくなるまで混ぜる。タッパーを回転させながら7～8回、生地を伸ばす（P.41参照）。

2. 室温に20分おく。

3. 生地を7～8回伸ばし20分おく（1回目のパンチ）。

4. **3**を繰り返す（2回目のパンチ）。

5. 生地を8回伸ばし（3回目のパンチ）、1.8倍になるまで室温におき、冷蔵庫に入れる。室温と冷蔵庫で合計17～24時間おく。

6. とじ目を上にして台におき（P.55-**6**参照）、指先で軽く平らにする。

7. 中心に左手の親指をあて、正面の生地を折って親指の先で軽く押さえる。

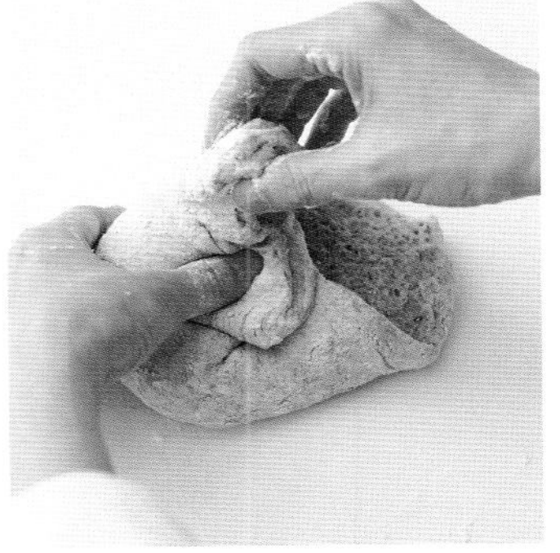

8. 反時計回りに生地を回転させ、正面の生地を折って軽く押さえるを繰り返す。

9. 1周したら、中心に集めた生地をしっかりとじる。

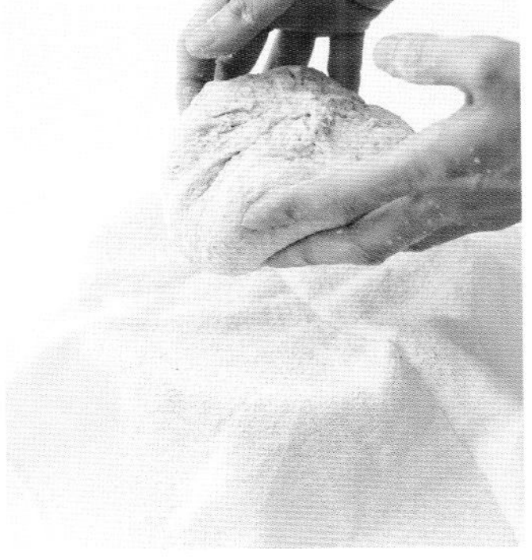

10. 布巾をかけたボウルに、とじ目を上にしてそっとおく。35℃で75分発酵させる。オーブンに天板を入れ、最高温度で予熱する。

11. ボウルの上にオーブンシートと板をのせてひっくり返す。クープを入れオーブンシートを被せる。オーブンにスチームを入れて最高温度で5分、オーブンシートをはずし、230℃で20分焼成する。

カンパーニュ フリュイ

少イースト　低温長時間発酵

クープが開きすぎると具が焦げるので細かいクープを多めに入れましょう。

【材料】（23cm 1個分）

リスドォル	140g
ライ麦粉	30g
全粒粉	30g
インスタントドライイースト	0.2g
塩	3.6g
水	135g
ドライレーズン	30g
ドライグリーンレーズン	10g
ドライクランベリー	20g
オレンジピール	20g

【下準備】

◎ レーズン、グリーンレーズン、クランベリーは水に10分漬けて水切りする。

◎ 15cmのボウルに布巾をかぶせ、打ち粉をふるう。

【作り方】

※ P.12～13ストレート法の「ミキシング」**1**～**6**・**8**～**11**まで進め、室温で10時間発酵させる。

※ 室温が24℃以上の時は5時間おき、その後冷蔵庫に入れる。

以降はP.43「パン ド カンパーニュ」**6**～**11**と同様に行う。

プチ パン

少イースト　高加水　低温長時間発酵

生地を置く向きに気をつけて。

【材料】（13cm 4個分）

リスドォル……200g
ライ麦粉……15g
全粒粉……35g
インスタントドライイースト……0.2g
塩……4.5g
水……150g
コントレックス……40g

【作り方】

1. タッパーに材料を入れ、ゴムベラで粉気がなくなるまで混ぜる。タッパーを回転させながら、生地を4回伸ばす（P.41参照）。室温に20分おく。

2. 生地をゴムベラで伸ばすを4回し、室温で20分おく（1回目のパンチ）。

3. 同様にあと2回繰り返す（2・3回目のパンチ）。

4. 1.8倍になるまで室温におき、冷蔵庫に入れる。室温と冷蔵庫で合計17～24時間、最終膨倍率2倍になるまでおく。

5. 生地を出し（P.55-**6**参照）1個110gに4分割する。

6. 生地の向こう側から1/3折り、生地の端に親指を添えて向こう側にぐっと押す（**a**）。

7. 向こう側から半分に折りながら、生地の端を右から左へとじていく（**b**）。

8. 軽く転がして両端をとじる。キャンバス地にのせ（P.16-**13**参照）（**c**）、35℃で40分発酵させる。オーブンに天板を入れ、最高温度で予熱する。

9. オーブンシートに移して（P.16-**15**参照）クープを入れ（**d**）、オーブンシートを被せる。オーブンにスチームを入れて最高温度で5分、オーブンシートをはずし、230℃で7分焼成する。

a

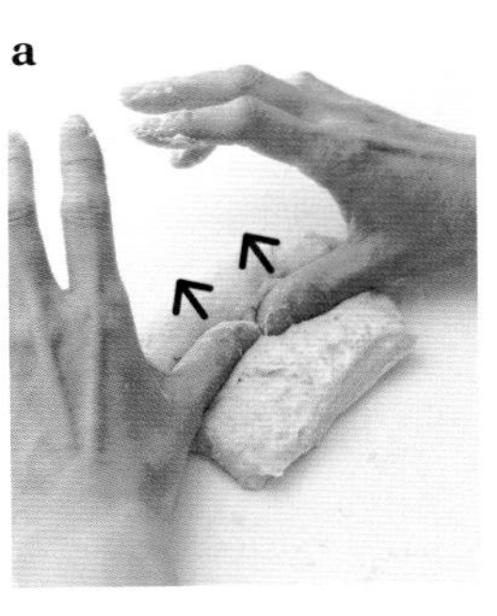

b

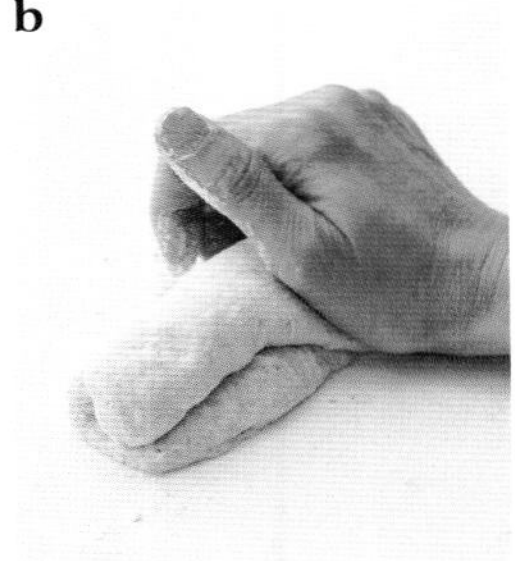

c

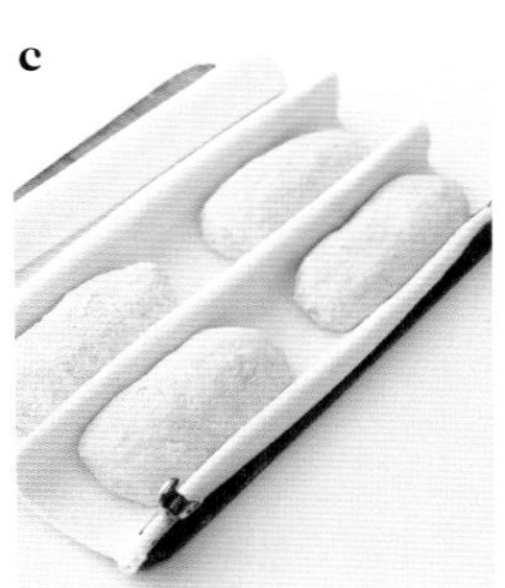

d

バタール

カパッとクープを開かせたいときは
ストレート法のバゲットの成形で。

バタール 少イースト

【材料】（23㎝2本分）
リスドォル……200g
イースト……0.2g
塩……3.6g
水……130g

【作り方】 ※ P.12～13ストレート法の「ミキシング」**1**～**6**・**11**まで進め、室温で2時間発酵させる。

1. 1個165gに2分割し、手前からゆるく巻く。90度向きを変え、さらにゆるく俵型に巻く。ラップをかけ、20分おく。

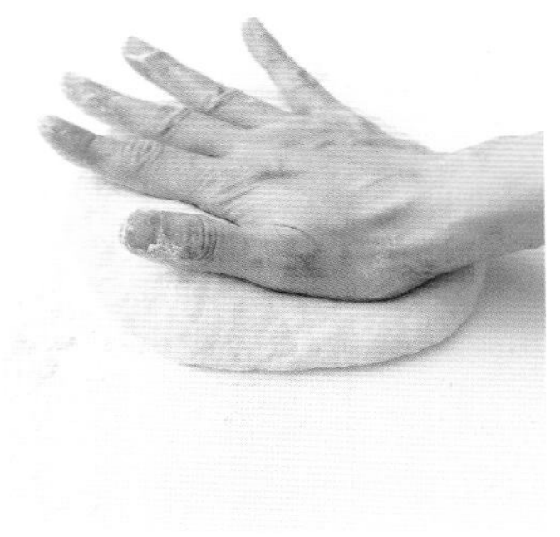

2. 手のひらで押さえ、しっかりガスを抜く。

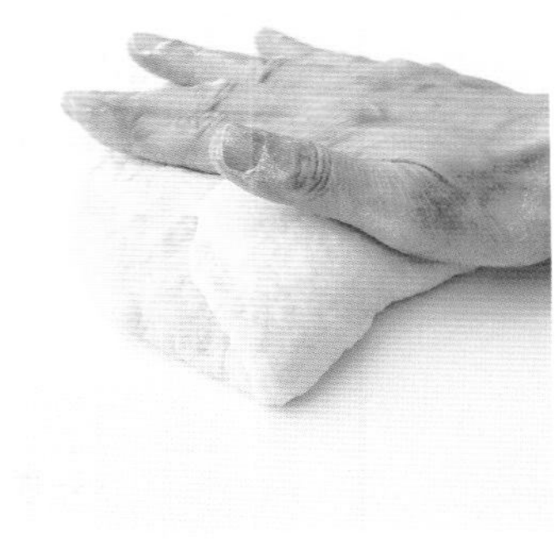

3. 手前から1/3生地を折り、手のひらでしっかり押さえる。

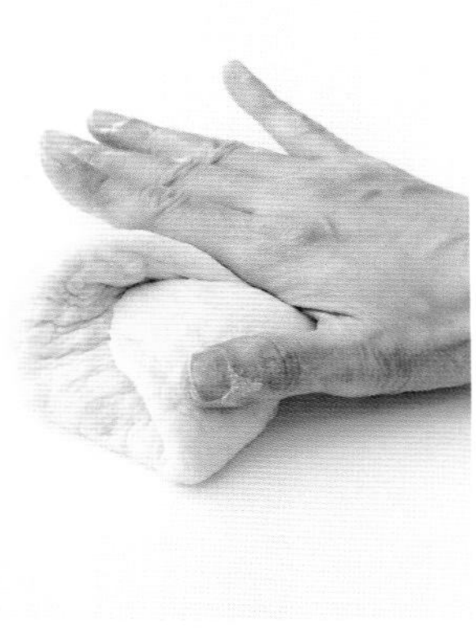

4. 向こう側から生地を持ってきて少し重なるように折り、手のひらでしっかり押さえる。

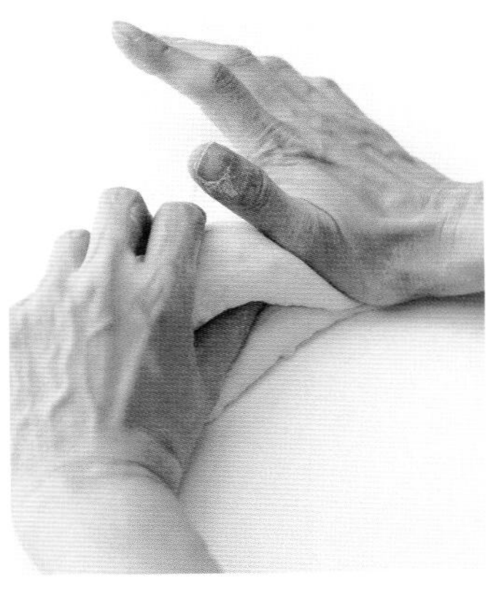

5. 向こう側から半分に折りながら、生地の端を右から左へとじていく。

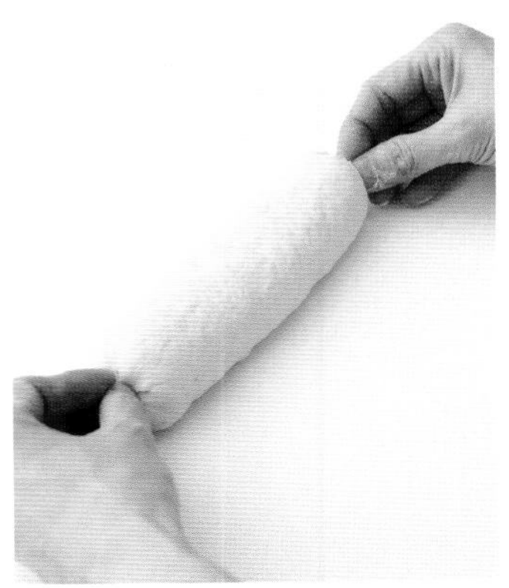

6. 転がしながら22～23㎝に伸ばし、両サイドをつまむ。

7. とじ目を下にしてキャンバス地に並べる(成形後手前だった部分を必ずクリップのある方向におく)。35℃で35分発酵させる。オーブンに天板を入れ、最高温度で予熱する。

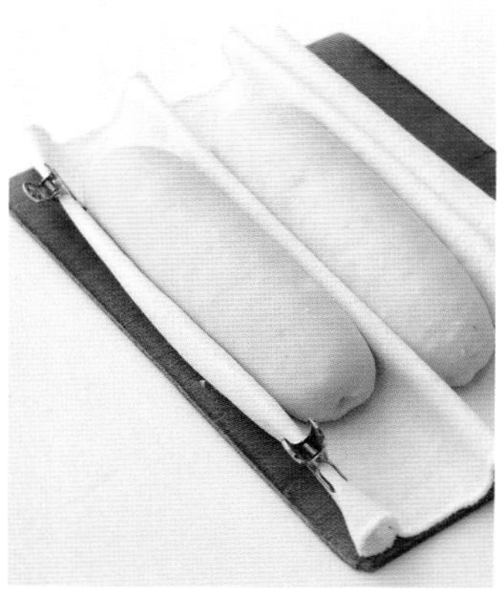

8. クリップがある方を左側になるようにおき、生地取り板にのせてオーブンシートに移す。

9. 左側を自分の方へ向け打ち粉をふるう(成形が終わった状態と生地が同じ位置になる)。

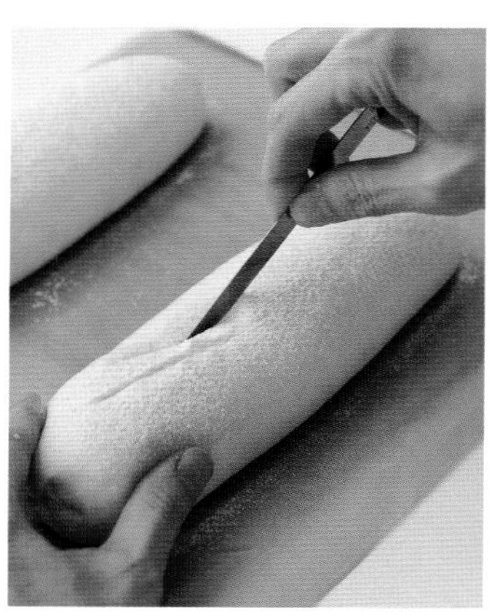

10. クープを3本入れる。オーブンシートを被せる。

11. オーブンにスチームを入れて最高温度で5分、オーブンシートをはずし、230℃で10分焼成する。

ロデヴ

初めてロデヴを食べたとき
美味しさに体が震えました。

ロデヴ

少イースト　高加水

【材料】（25cm 1個分）

リスドォル……160g
インスタントドライイースト……0.2g
塩……3.6g
モルト……1g
水……120g
コントレックス……10g

● **バシナージュ用**
コントレックス……20g

【作り方】

1. ボウル（18cm）に水分を入れ、あらかじめよく混ぜておいた粉類を加える。

2. ゴムベラで粉気がなくなるまでしっかり混ぜる。

3. 粉気がなくなったら、ゴムベラに生地を引っ掛けてゆっくり持ち上げ、生地を伸ばす。

4. 切れる直前に二つ折りして生地を落とす。

5. ボウルを回転させ、同様に生地を引っ掛けて伸ばすを5～6回繰り返す。ラップをかけ、室温に20分おく。

6. 生地を伸ばして落とすをコントレックス（20g）を少しずつ加えながら繰り返す（バシナージュ・1回目のパンチ）。ラップをかけ、室温に20分おく。

7. 生地を伸ばして落とすを場所を変えながら5～6回繰り返す（2回目パンチ）。室温に20分おく。

8. 生地を伸ばして落とすを場所を変えながら5～6回繰り返す（3回目パンチ）。

9. 室温に2時間おく。

10. 2倍になるまで発酵させる。

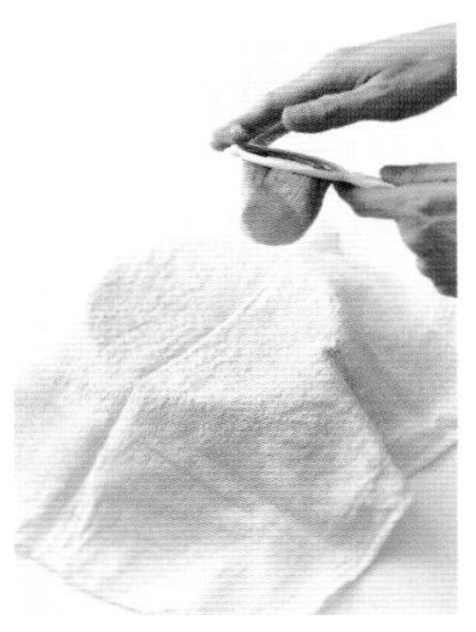

11. ボウル(15cm)に布巾をかけ、茶漉しで打ち粉をたっぷりふるう。

12. 生地の上に打ち粉を多めにかけ、カードを生地とボウルの間に2cmくらい差し込み、隙間を作る。

13. ボウルを逆さにして、生地が自然に落ちるのを待つ。

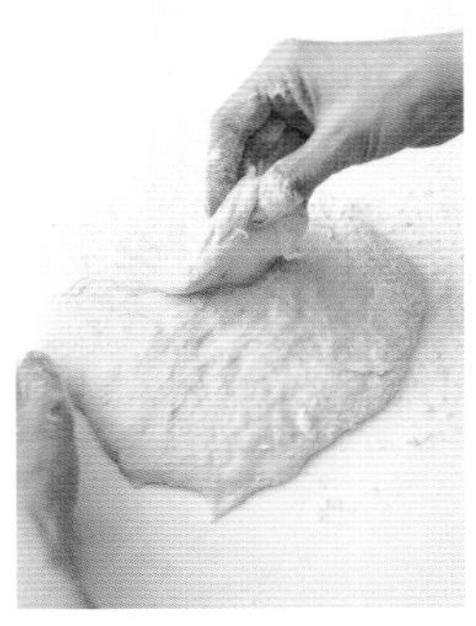

14. 向こう側から中心に生地を持ってくる。

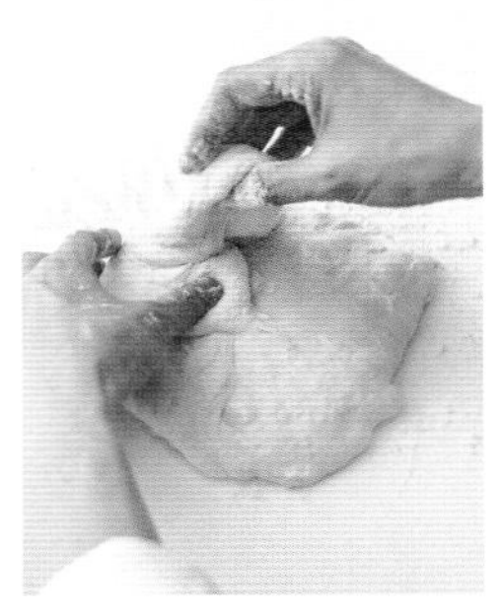

15. 生地を反時計回しに回転させ、正面の生地を中心に持ってくるを繰り返す。

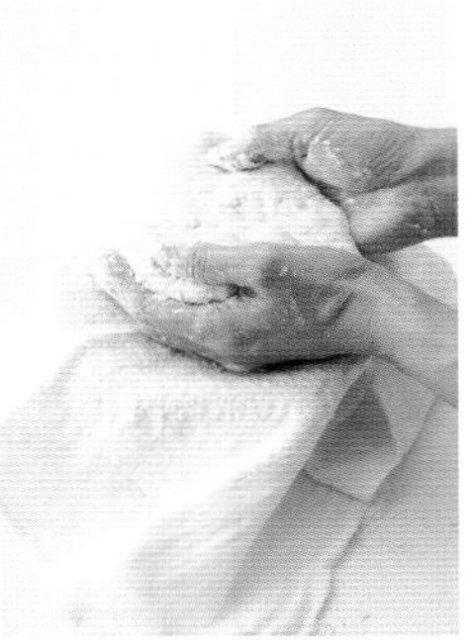

16. 1周したら中心に集めた生地をしっかりつまみ、とじ目を上にしてそっと布巾の上にのせる。

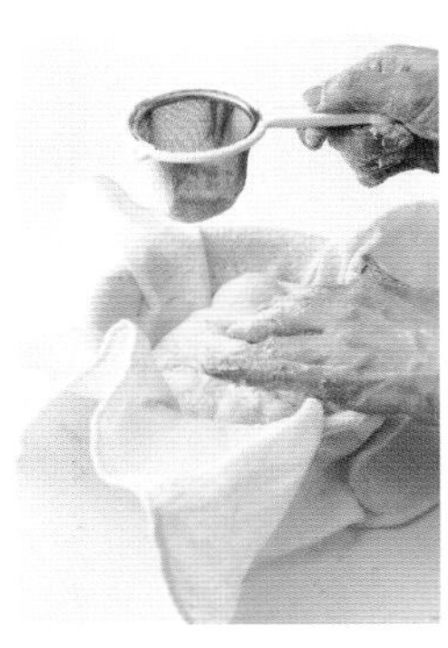

17. 生地の周りに打ち粉をふるう。35℃で50分発酵させる。オーブンに天板を入れて最高温度で予熱する。

18. オーブンシートに生地を移し、生地の上にオーブンシートを被せる。オーブンにスチームを入れて最高温度で5分、オーブンシートをはずし240℃で20分焼成する。

Point

布巾に生地が付いてしまったら

カードでそっと生地をはがしてください。生地が傷んでしまったらその部分に打ち粉をしてあげましょう。布巾についた生地は完全に乾かしてからはがすようにすると取りやすいです。

レーズン酵母

自家製酵母には粉から酵母を起こすものとフルーツやハーブなどから酵母を起こすものがあります。今回は初心者でも作りやすく扱いやすいレーズン酵母をご紹介します。レーズン酵母はレーズンに付着している酵母から起こします。発酵だけでなく、パンに甘(うま)みを加える役割もします。発酵力はイーストより弱く、できあがってからの経過日数によって発酵力が変わってきます。本書では発酵を安定させるためにインスタントドライイーストを併用しますが、レーズン酵母だけでも作ることができます。

レーズン酵母の作り方

【材料】

ドライレーズン ……… 100g
（製菓用・オイルコーティングしていない・開封してから時間の経過していないもの）
グラニュー糖 ……… 25g（上白糖・きび糖可）
ぬるま湯 ……… 200g（32℃くらいの水道水）
モルト ……… 2g（あれば）
ビン ……… 直径7.5×高さ13㎝

【作り方】

1. ビンを煮沸する。

2. ビンにグラニュー糖とぬるま湯を入れ、しっかり混ぜる。

3. レーズンを加えてよく混ぜる。

4. 暖かい場所におき、完成するまで朝晩1回ずつ攪拌し、そのつど蓋を開ける。

5. レーズンが完全に浮き、攪拌後、蓋をゆるめると「プシュ」「ポン」と音がして、気泡が上がってきたら完成。保管は冷蔵庫で。

Point

蓋はきつく閉めすぎず、必ず水道水を使用する

気泡が上がってきている状態で蓋を完全に開けてしまうと、酵母が流れ出ることがあります。気泡が収まるのを待ってから蓋を開けるようにしましょう。また、蓋をきつく閉めすぎると蓋が開かなくなったり、ビンが割れたりする場合がありますので、きつく閉めすぎないように気をつけてください。濾過した水を使うと腐って酵母が起こせないことがあります。必ず水道水を使用してください。

種つぎの仕方

レーズン酵母を起こすとき、前に作った酵母（前種）を少し加えると起こしやすくなります。

【材料】
※ P.52と同じ+以下
前種 ………… 小さじ1またはレーズン4～5粒

【作り方】
※ レーズン酵母の作り方と同じ（レーズンを入れたあと前種を加える）

Point

前に作った酵母は冷蔵庫に保管しておく

レーズン酵母をしばらく作らないときも、前に作った酵母を大さじ1とレーズン粒10個くらいを小さなタッパーまたはビニールなどに入れて冷蔵庫に保管しておきましょう。2カ月くらいなら前種として使えます。

レーズン酵母の使い方

使用するときはしっかり混ぜてから計量します。レーズンの中にもよい酵母は多く含まれているので、しっかり絞って使用します。絞るタイミングはできあがってすぐか、水分がなくなってからのどちらでも構いません。
また、できあがってすぐと2週間経過したものでは、酵母の力が違ってきます。時間を経過すればするほど酵母の力が弱くなります。酵母の力があるのは大体1カ月くらいです。酵母の力がなくなっても処分することはありません。仕込み水の1～2割をレーズン酵母に置き換えると、パンに旨味が増します。

絞りカス

パン オ ノワ

クルミとハチミツがよく合います。
最終発酵がないパン作りです。

パン オ ノワ

【材料】（16㎝2本分）

リスドォル	140g
イーグル	60g
インスタントドライイースト	0.1g
塩	4g
レーズン酵母	30g
ハチミツ	5g
モルト	2g
牛乳	40g
水	55g
コントレックス	20g
クルミ	80g

【下準備】

◎ クルミは160℃のオーブンで10分ローストし、水に10分漬けて水切りする。

【作り方】

1. タッパーに水分を入れ、あらかじめよく混ぜておいた粉類を加える。粉気がなくなるまでゴムベラでしっかり混ぜる。

2. 粉気がなくなったら、ゴムベラに生地を引っ掛けてゆっくり持ち上げ、生地を伸ばす。切れる直前に二つ折りをして生地を落とす。

3. タッパーを回転させ、もう一度生地を伸ばしたら、クルミを加える。同様に生地を引っ掛けて伸ばすをクルミが混ざるまで繰り返す。室温に20分おく。

4. 生地を伸ばして落とすを5～6回繰り返す（パンチ）。室温で1.8倍になるまで発酵させる。

5. 冷蔵庫に入れ、室温と冷蔵庫で発酵させる時間を合わせて17～24時間おく（最終膨倍率2倍）。

6. オーブンに天板を入れ、最高温度で予熱する。生地の上にたっぷりの打ち粉をかけ、カードでタッパーと生地の間に隙間を作ったら、ひっくり返して生地を出す。

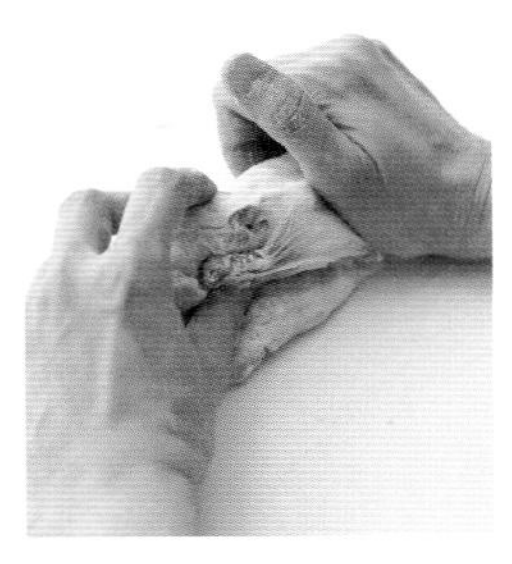

7. 1個218gに2分割し、手前からゆるく巻き、終わりを上・縦長におく。軽く広げ、手前から3つ折りにする。半分に折りながら、端を右から左へとじていく。オーブンシートにのせる。

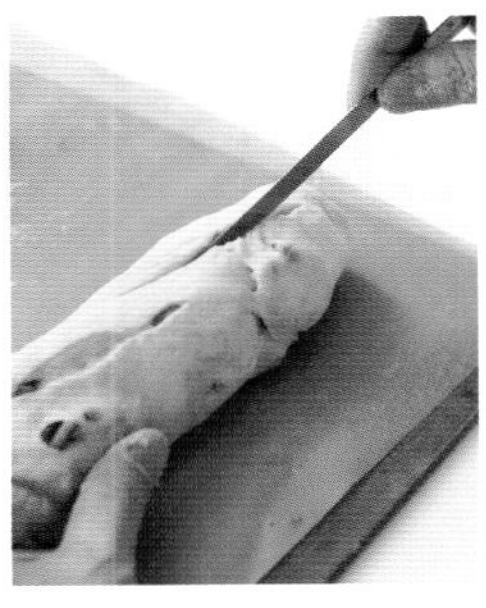

8. クープを2本入れ、オーブンシートを被せる。オーブンにスチームを入れて最高温度で5分、オーブンシートをはずし、240℃に下げ15分焼成する。

パンド セーグル

横からスライスして生ハムやチーズをサンドするのがおすすめです。

【材料】（16cm 2本分）

リスドォル	140g
ライ麦粉	60g
インスタントドライースト	0.1g
塩	3.6g
レーズン酵母	30g
ハチミツ	5g
ヨーグルト	20g
水	85g
コントレックス	15g
モルト	1g

【作り方】

1. タッパーに材料を入れ、ゴムベラで粉気がなくなるまで混ぜる。タッパーを回転させながら5～6回、生地を伸ばす（P.41参照）。室温に20分おく。
2. 生地をゴムベラで伸ばすことを5回繰り返して20分おく（1回目のパンチ）。同様にあと1回繰り返す（2回目のパンチ）。
3. 室温で1.8倍まで発酵させ、冷蔵庫に入れる。室温と冷蔵庫に入れている時間を合わせて17～24時間、最終膨倍率2倍になるまでおく。
4. 生地を1個180gに分割し（**a**）、向こう側から生地を1/3折りながら生地の右から左へとじていき（**b**）、さらに半分に折り生地の右から左へとじ（**c**）、キャンバス地にのせる。35℃で50分発酵させる。オーブンに天板を入れ、最高温度で予熱する。
5. オーブンシートに移してクープを入れる（**d**）。オーブンにスチームを入れて最高温度で5分、オーブンシートをはずし、240℃に下げ10分焼成する。

a

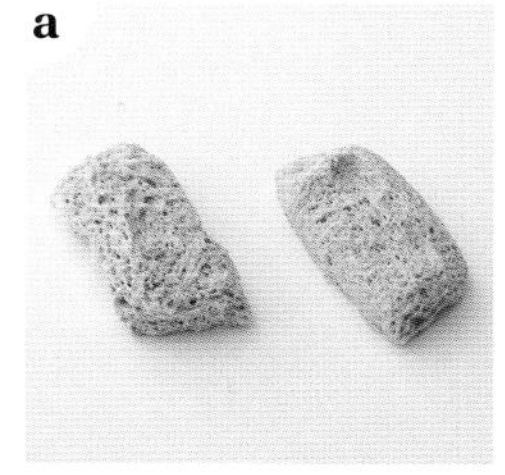

b

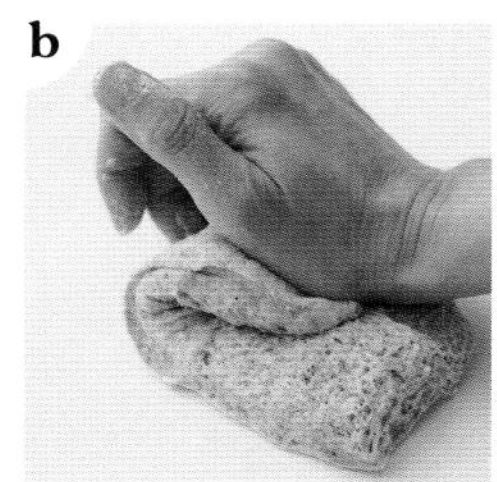

c

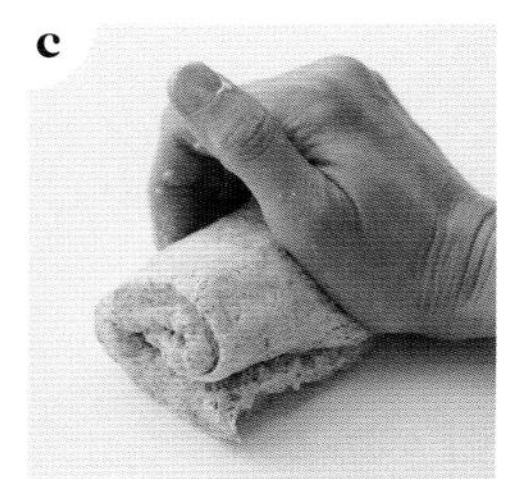

d

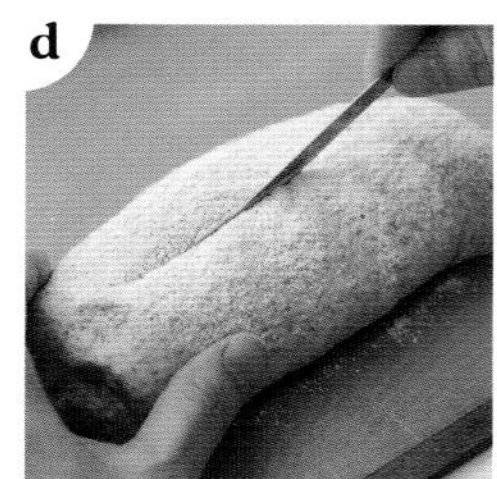

よもぎロール

意外な組み合わせに思うかもしれませんが、あんことクリームチーズはとても合うんです。

【材料】（6個分）

リスドォル	200g
乾燥よもぎ	4g
インスタントドライイースト	0.2g
砂糖	10g
塩	3.6g
レーズン種	28g
水	90g
コントレックス	30g
粒あん	130g
クリームチーズ	50g

【作り方】

※ P.56 **1**～**2**まで進め、室温で1.6倍になるまで発酵させ冷蔵庫に入れる。室温と冷蔵庫に入れておく時間は合わせて17～24時間、最終膨倍率1.8倍になるまでおく。

1. めん棒で25×30cmに伸ばす。向こう側1cmを除き、粒あんとクリームチーズを伸ばす（**a**）。
2. 手前から巻き、巻き終わりをとじる（**b**）。6等分してカットした面を上にしてアルミカップ（8号）にのせる（**c**）。
3. 35℃で40分発酵させる。オーブンに天板を入れて250℃で予熱する。220℃のオーブンで5分、190℃に下げて8分焼成する。

a

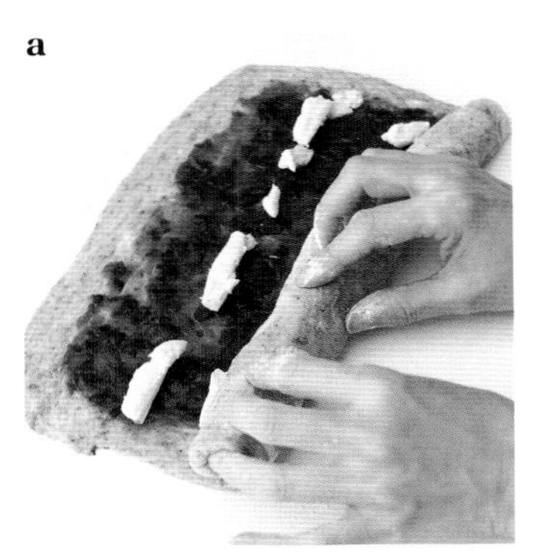

b

c

バゲットの製法比較

同じバゲットでも製法が違うと気泡や味が違ってきます。ご自分の生活スタイルに合った製法、また好みの味のバゲットを見つけてみてください。見た目ではあまりわかりませんが、食べ比べをしてみるとはっきり違いがわかります。だからパン作りって不思議で面白い。

製法別パン作り

オートリーズ法

【材料】

● オートリーズ
- リスドォル……170g
- 水……170g

リスドォル……80g
インスタントドライイースト……1g
塩……4.5g
オートリーズ……全量

【作り方】
オートリーズ60分、本ごねをする。28℃～30℃で30分発酵させる。1個210gに2分割し、P.15～19ストレート法の「バゲット」**2**～**19**と同様に行う。

【特徴】短時間のミキシング。薄いクラストとしっとりしたクラムになる。

発酵生地

【材料】

リスドォル……210g
発酵生地……40g
インスタントドライイースト……1g
塩……3.8g
モルト……1g
水……136g

【作り方】
P.12～13ストレート法の「ミキシング」**1**～**6**・**11**まで進め、28℃～30℃で30分発酵させる。1個195gに2分割し、P.15～19ストレート法の「バゲット」**2**～**19**と同様に行う。

【特徴】短時間でできあがる。クープが入れやすいので、バゲット作りの練習にぴったり。シンプルな味で細かいクラムになる。

少イースト

【材料】

リスドォル……250g
インスタントドライイースト……0.2g
塩……4.5g
モルト……3g
水……155g
コントレックス……20g

【作り方】

P.45「プチパン」のミキシング〜1次発酵まで同様に行う。1個215gに2分割し、俵型にして20分おく。巻き終わりを上にし、P.47〜48「バタール」**3〜11**と同様に行う。ただし手のひらでしっかり押さえるところを気泡を潰さないように生地の端2㎜内側のみをとじる。

【特徴】ほんのり甘みがあり、気泡が多く、気泡膜が薄い。

自家製酵母

【材料】

リスドォル……250g
インスタントドライイースト……0.1g
塩……4.5g
レーズン種……30g
モルト……3g
水……117g
コントレックス……20g

【作り方】

P.45「プチパン」のミキシング〜1次発酵まで同様に行う。1個210gに2分割し、俵型にして20分おく。巻き終わりを上にし、P.47〜48「バタール」**3〜11**と同様に行う。ただし手のひらでしっかり押さえるところを気泡を潰さないように生地の端2㎜内側のみをとじる。

【特徴】まろやかな甘みがあり、ほんのり飴色のクラムになる。気泡が多く、気泡膜が薄い。

Part 2

ブーランジュリーのパン

Boulangerie

U.S.A.

ベーグル

短時間で作れるベーグル。
プレーンベーグルをマスターしたら
レシピは無限です。

プレーンベーグル

【材料】（4個分）

イーグル……250g
インスタントドライイースト……3g
砂糖……18g
塩……5g
水……150g

【下準備】

◎ オーブンシートを12×12cmで4枚用意する。

【作り方】

1. ボウルに材料を入れて混ぜ合わせ、粉気がなくなったら台に出す。生地を台に擦り付けるように伸ばしては戻すを繰り返す。

2. 生地全体が耳たぶと同じ固さになったら、こね上がり（ボソボソの状態）。1個105gに4分割し、軽く丸める。ラップをふんわりかけて20分休ませる。

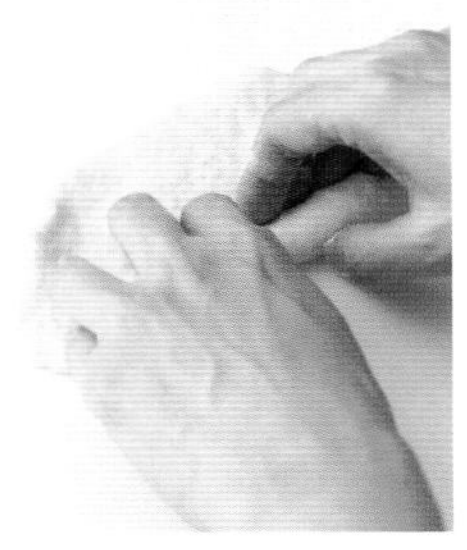

3. とじ目を上にして台に置き、めん棒で9×12cmに伸ばす。手前から生地をきつめに巻き、軽く転がす。残りも同様に作る。

4. 生地を両手で転がし、長さ22cmくらいに伸ばす。巻き終わりを手前上に置き、右側2cmを斜め上下に伸ばす。

5. 反対の生地をぐるりと1周させ、伸ばした生地で包む。とじ目を下にしてオーブンシートにのせる。30℃で35分発酵させる。オーブンを200℃で予熱する。

6. 湯1ℓに対し大さじ2の砂糖（分量外）を入れ、オーブンシートごと湯にベーグルを入れ、1分ボイルする（途中オーブンシートをはがす）。

7. 上下裏返し、さらに1分ボイルしてよく湯切りする。

8. とじ目を下にしてオーブンシートの上にのせ、200℃のオーブンで15～18分焼成する。

全粒粉ベーグル

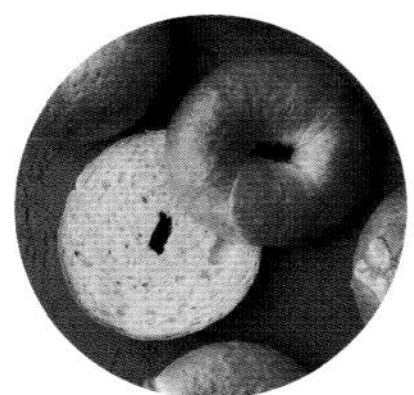

【材料】（4個分）

イーグル …… 200g
全粒粉 …… 50g
インスタントドライイースト … 3g
砂糖 …… 15g
塩 …… 5g
水 …… 150g

【作り方】

※ P.63「プレーンベーグル」と同様。

ショコラベーグル

【材料】（4個分）

イーグル …… 235g
ココア …… 15g
インスタントドライイースト … 3g
砂糖 …… 20g
塩 …… 5g
水 …… 160g
チョコレート（8㎜角にカットする）
…… 15g
アーモンド …… 13g

【下準備】

◎ アーモンドは160℃のオーブンで10分ローストする。水に10分漬けて水切りし、8㎜角にカットする。

【作り方】

※ P.63「プレーンベーグル」と基本同様だが、以下の手順のみ異なる（1個110gに4分割）。

3. とじ目を上にして台に置き、めん棒で9×12㎝に伸ばす。生地の右2㎝を残してチョコレートとアーモンドを散らし、手前からきつめに巻く。

ダブルチーズベーグル

【材料】（4個分）

イーグル …… 250g
インスタントドライイースト … 3g
砂糖 …… 15g
塩 …… 5g
水 …… 150g
プロセスチーズ（8㎜角にカットする）
…… 60g
ピザ用チーズ …… 30g

【作り方】

※ P.63「プレーンベーグル」と基本同様だが、以下の手順のみ異なる。

3. とじ目を上にして台に置き、めん棒で9×12㎝に伸ばす。生地の右2㎝を残しプロセスチーズを散らし、手前からきつめに巻く。

8. 湯切りをしてオーブンシートにのせ、ピザ用チーズをのせる。

ブルーベリーベーグル

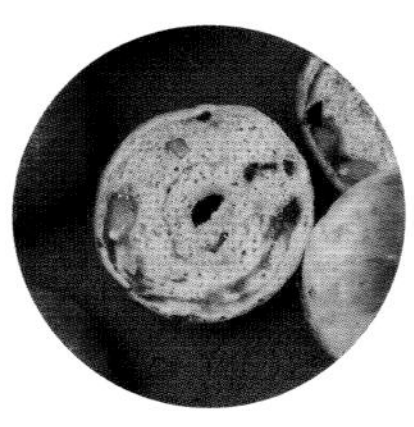

【材料】（4個分）

イーグル …… 250g
インスタントドライイースト… 3g
砂糖 …… 13g
塩 …… 4.5g
水 …… 130g
ブルーベリージャム …… 80g
栗の甘露煮（5㎜角にカットする）
…… 6粒
ブルーベリージャム（成形用）
…… 小さじ4

【作り方】

※ P.63「プレーンベーグル」と基本同様だが、以下の手順のみ異なる（1個120gに4分割）。

3. とじ目を上にして台に置き、めん棒で9×12㎝に伸ばす。生地の右2㎝を残し、ブルーベリージャム（成形用）を塗って栗の甘露煮を散らし、手前からきつめに巻く。

シナモンロールと モンキーブレッド

食べるのが止まらなくなる、
甘くて美味しいお菓子のようなパン。

シナモンロール

【材料】（6個分）

材料	分量
イーグル	250g
インスタントドライイースト	4.5g
塩	4.5g
砂糖	20g
卵	35g
牛乳	150g
バター	25g

● **フィリング**

材料	分量
バター	50g
ブラウンシュガー	90g
シナモンパウダー	15g

● **フロスティング**

材料	分量
クリームチーズ	50g
バター	30g
粉糖	90g
レモン汁	5g

【下準備】

◎ フィリングを作る。

1. 室温に戻したバターをミキサーにかける。ブラウンシュガーとシナモンパウダーを3回に分けて加え、そのつどよくミキサーにかける。使う直前まで冷蔵庫に入れておく。

◎ フロスティングを作る。

1. 室温に戻したクリームチーズとバターをミキサーにかける。粉糖を2回に分けて加え、そのつどよくミキサーにかける。

2. レモン汁を加え、ざっとミキサーにかける。使う直前まで冷蔵庫に入れておく。

POINT　レンジで温めるとより美味しく食べられます。

【作り方】

※ P.12～13ストレート法の「ミキシング」**1～7・11**まで進め、28℃～30℃で50分発酵させる。

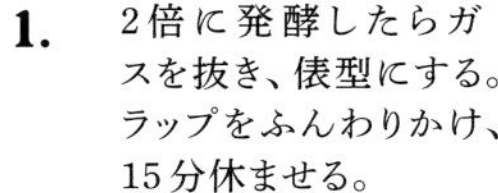

1. 2倍に発酵したらガスを抜き、俵型にする。ラップをふんわりかけ、15分休ませる。

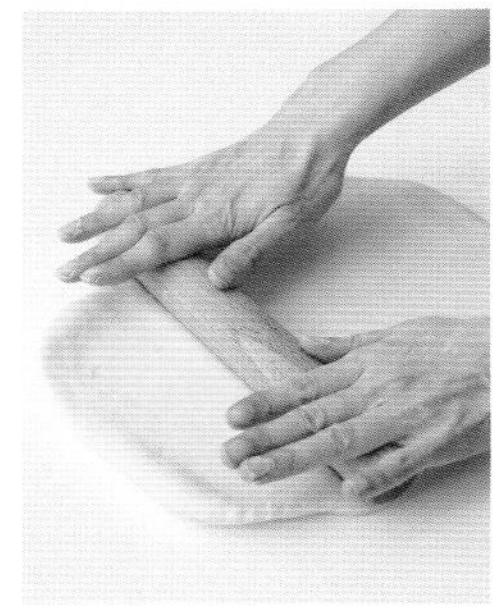

2. 巻き終わりを上にして、めん棒で20×25㎝に生地を伸ばす。

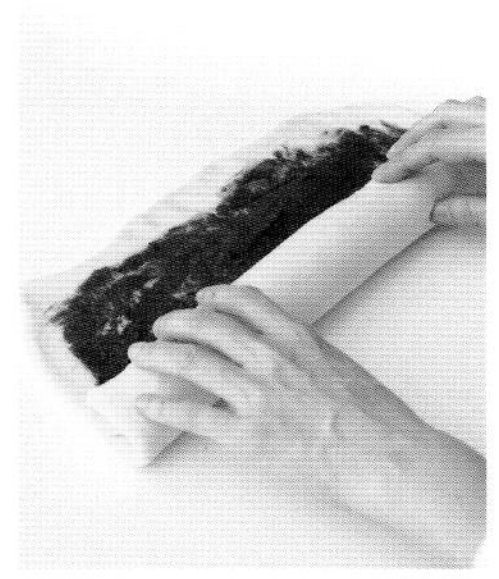

3. 向こう側1㎝を残し、フィリングを生地全体に塗り、手前から巻く。

4. 巻き終わりをとじ、カードで6等分にカットする。

5. カット面を上にしてアルミカップ（10号）にのせる。残りを同様に作り、形をととのえる。35℃で30分発酵させる。

6. オーブンを190℃で予熱し、12分焼成する。粗熱がとれたら、フロスティングを生地の上にのせる。

モンキーブレッド

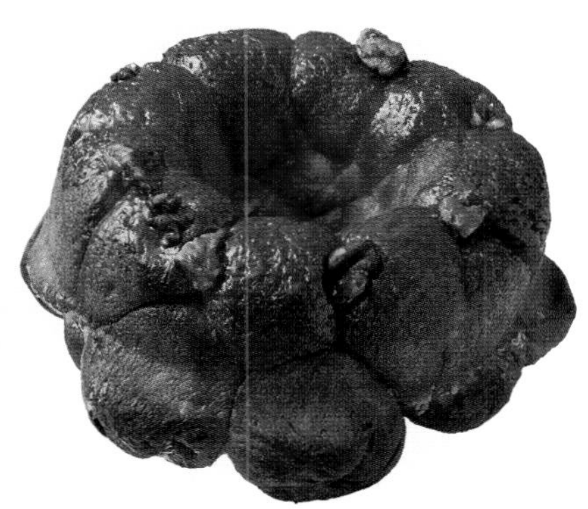

【材料】（15cmエンゼル型１台）

イーグル …… 150g
インスタントドライイースト …… 3g
砂糖 …… 23g
塩 …… 2g
卵 …… 50g
バター …… 40g
牛乳 …… 45g

● シロップ
グラニュー糖 …… 45g
水 …… 大さじ1
バター …… 30g

クルミ …… 10g

【下準備】

◎ クルミは160℃のオーブンで10分ローストし、水に漬けて水切りして、1/4～1/2にカットする。
◎ 15cmのエンゼル型にバター（分量外）を塗る。
◎ シロップを作る。

1. 鍋にグラニュー糖と水を加え、火にかける。
2. グラニュー糖が溶けたら、バターを入れて溶かす。
3. 人肌になるまで冷ます（固まってしまったら、使う前に軽くに火かけて溶かしておく）。

POINT 生地に焼き色がしっかりついている状態になったらひっくり返すこと。ひっくり返す途中で生地が崩れそうになったら、無理に出さずにそのまま数分焼きます（型を振らない）。

【作り方】

※ P.12～13ストレート法の「ミキシング」**1**～**7**（バターは2回に分けて入れる）・**11**まで進め、28℃～30℃で60分発酵させる。

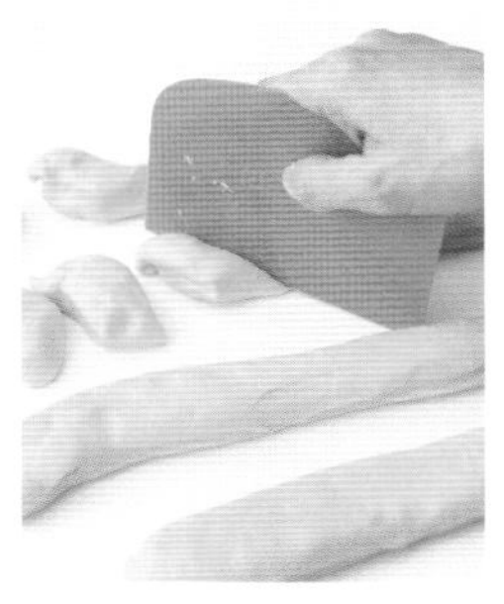

1. 2倍に発酵したらとじ目を上にして、めん棒で18×18cmに伸ばす。カードで4本にカットし、それぞれをランダムに5～6等分にする。

2. 型にクルミ1/2を散らす。生地を丸めてシロップに絡めたら、型に入れる。

3. 1段目を入れたら、残りのクルミを入れる。

4. 残りの生地を同様に入れる。35℃で30分発酵させる。オーブンを200℃で予熱する。

5. 余ったシロップを上にかけ、オーブンシートを敷いた天板に型をのせる。190℃のオーブンで15～18分焼成する。

6. 一度オーブンから出し、オーブンシートの上で型をひっくり返して生地を出す。さらに焼き色がつくまで5～8分焼成する。

ENGLAND

イングリッシュマフィン

横からフォークで割って
ハチミツをかけて食べるのもおすすめです。

【材料】（6個分）

イーグル……150g
インスタントドライイースト……3g
砂糖……10g
塩……2g
コーングリッツ……15g
バター……20g
水……105g

● **成形用**
コーングリッツ……適量

【下準備】

◎ 8㎝（高さ2㎝）のセルクルにバターを塗る。セルクルがない場合は、2×27㎝の厚紙で直径8㎝の輪を作り、ホチキスで留めてオーブンシートを巻く。

【作り方】

※ P.12～13ストレート法の「ミキシング」**1～7・11**まで進め、28℃～30℃で40分発酵させる。

1. 2倍に発酵したらガスを抜き、1個50gに6分割してゆるく丸める。ラップをふんわりかけ、10分休ませる。
2. とじ目を下にして台におき、しっかり丸める（**a**）。
3. コーングリッツを生地につけ、オーブンシートにのせたセルクルの中心におく（**b**）。
4. 残りも同様に作り、型の上にオーブンシートと天板の平らの部分を重ねる（**c**）。
5. 35℃で25分発酵させる。オーブンを180℃で予熱する。
6. 天板を重ねたままオーブンに入れ、180℃で10～12分焼成する（**d**）。
7. 焼き上がったらセルクルをはずす。

a

b

c

d
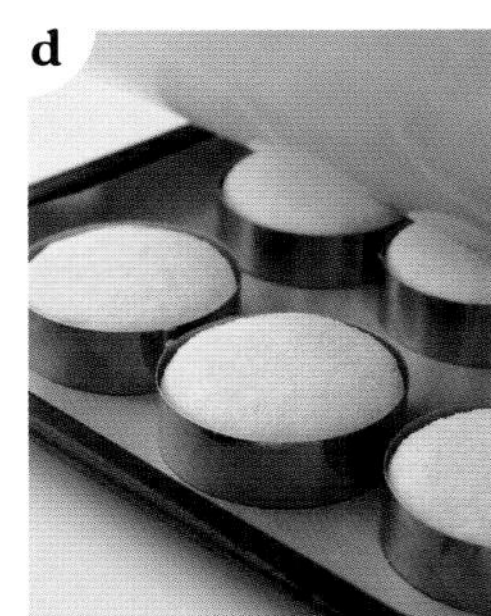

クランペット

メリー・ポピンズに登場する甘い軽食パン。食べるときは一度温めてから。

【材料】（4枚分）

薄力粉	90g
インスタントドライイースト	2.8g
砂糖	5g
塩	少々
重曹	3g
牛乳	90g
バター	15g

【下準備】

◎ 8cm（高さ2cm）のセルクルにバター（分量外）を塗る。
　薄力粉をふるう。

【作り方】

1. 鍋に牛乳とバターを入れ、火にかけて溶かす。32℃くらいまで冷ます。
2. 材料をすべて入れ、ホイッパーで混ぜ合わせる（**a**）。
3. 室温に30～60分おき、2倍くらいになるまでおく（**b**）。
4. 熱したフライパンに少量の油（分量外）をひき、セレクルを置き（**c**）、生地を流し入れる。
5. 表面が乾いてきたら、セルクルをはずす。
6. 裏返して2分焼成する（**d**）。

a

b

c

d

ミッシュブロート

ライ麦が多いのでグルテンができにくい固い生地。体重を上からかけて押すようにこねます。

【材料】（23cm 1本分）

● **中種**

- ライ麦粉 …… 100g
- インスタントドライイースト …… 3g
- 砂糖 …… 6g
- ヨーグルト …… 40g
- 水 …… 85g

● **本ごね**

- イーグル …… 100g
- 塩 …… 4g

ドライレーズン …… 60g
クルミ …… 40g

【下準備】

◎ レーズンは10分水に漬けて水切りする。クルミは160℃のオーブンで10分ローストし、水に10分漬けて水切りする。

【作り方】

1. ボウルに中種の材料を入れ、ホイッパーでよく混ぜる。28℃～30℃で30分おく。
2. 本ごねの材料を加えて混ぜたら、台に出し、擦り付けるようにして全体を混ぜる。粘り気が少し出てきたら、レーズンとクルミを混ぜて丸める（**a**）。28℃～30℃で45分発酵させる。
3. とじ目を上にして、手のひらで平らにする。手前から1/3折り、向こう側から生地を少し重なるように折る（**b**）。
4. さらに向こう側から生地を半分に折りながら、右から左へとじていく（**c**）。
5. キャンバス地にのせ、35℃で30分発酵させる。オーブンに天板を入れ、230℃で予熱する。
6. オーブンシートに移し、クープを3本入れる（**d**）。210℃のオーブンで20～25分焼成する。

a

b

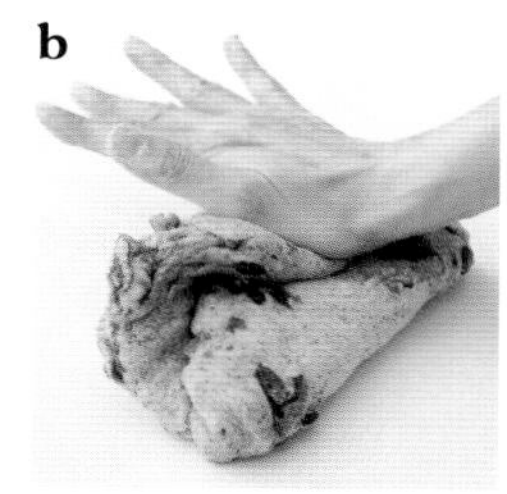

c

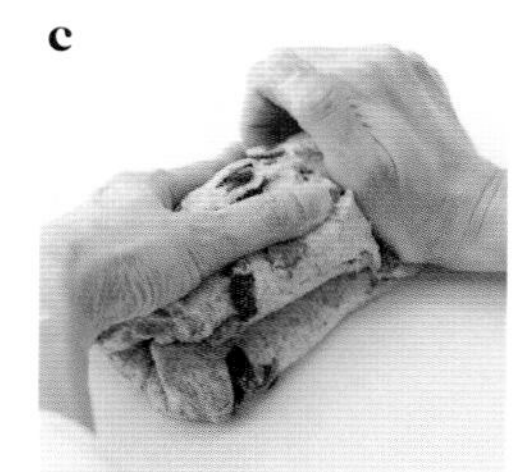

d

プレッツェル

太いところと細いところの
食感の違いを楽しんで!

プレッツェル

【材料】（3個分）

イーグル …… 200g
インスタントドライイースト …… 1g
砂糖 …… 8g
塩 …… 3g
水 …… 110g
バター …… 15g
岩塩（成形用）…… 適量
重曹（重曹液用）…… 50g～100g

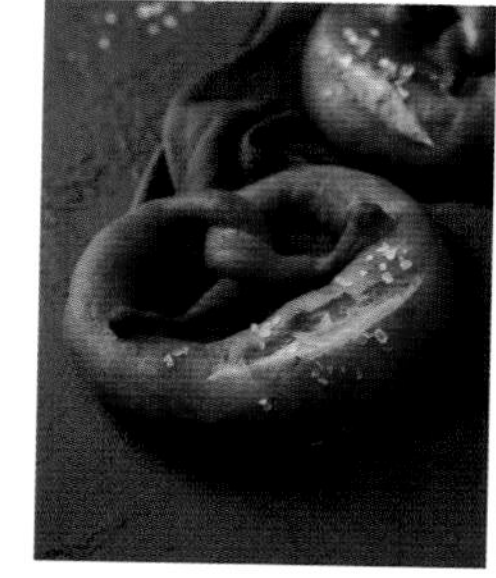

【作り方】

1. ボウルに材料を入れ、混ぜ合わせる。台に出し、擦り付けるように生地を伸ばし、なめらかになるまでこねる。

2. 30℃で30分発酵させる。

3. ひとまわり大きくなったら、1個110gに3分割する。

4. 手前から巻き、20分休ませる。オーブンを210℃で予熱する。

5. 深めの鍋に1～2ℓの水を入れて火にかけ、沸かしておく。

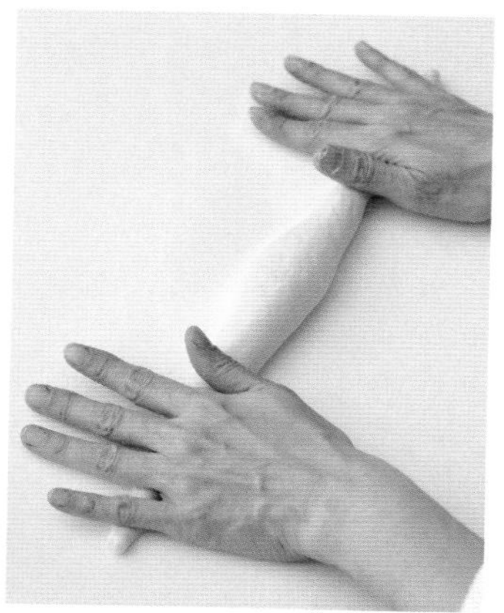

6. 両手で生地を転がし、30cmくらいまで伸ばす。残りも同様に行う。

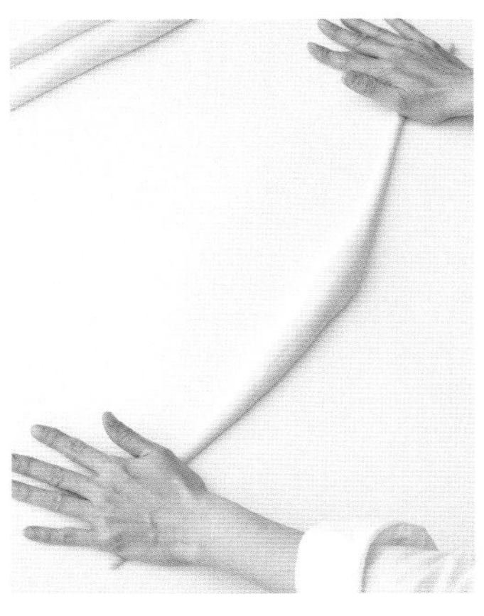

7. さらに先が細くなるように60cmまで伸ばす。

8. 先端から10cmで1回ツイストさせる。

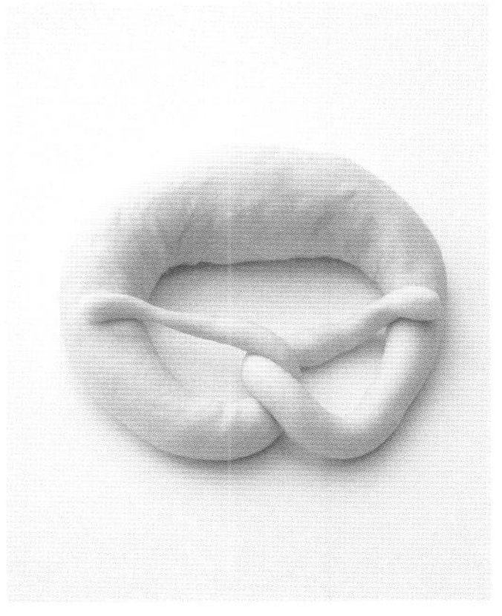

9. 太い部分に両端をのせ、オーブンシートにのせる。残りも同様に行う。

10. 5の沸々しない程度の湯に重曹（湯1ℓに対し重曹50g）を入れてよく混ぜる。

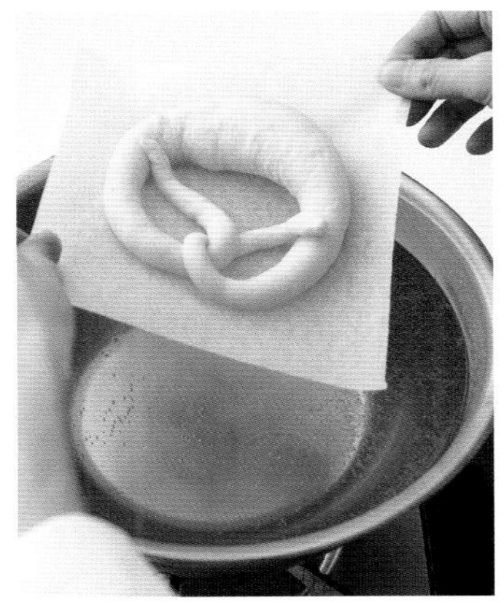

11. オーブンシートごと生地を鍋に入れる。

12. ときどき生地を沈めながら30秒浸す。オーブンシートはとってもよい。

13. しっかり湯切りをして、オーブンシートにのせる。そのまま3分おく。

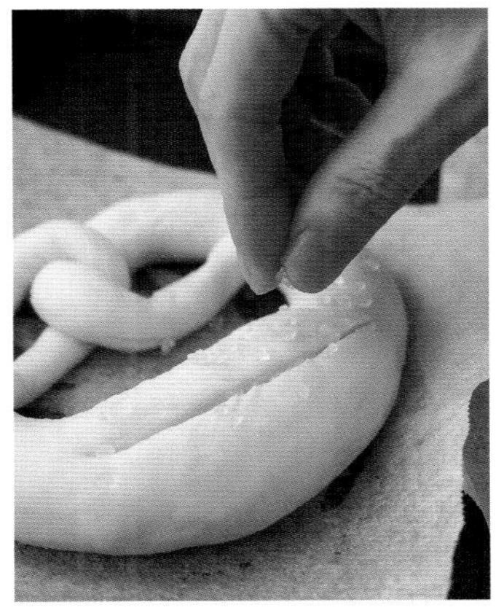

14. 生地の表面が乾いたら太い部分にクープを入れ、岩塩を散らす。210℃のオーブンで15分焼成する。

シュトロイゼルクーヘン

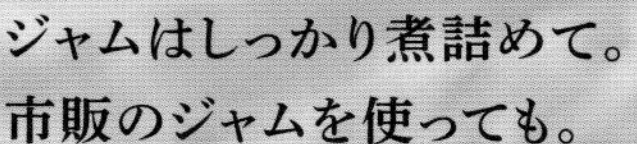

ジャムはしっかり煮詰めて。
市販のジャムを使っても。

シュトロイゼルクーヘン

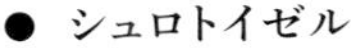

【材料】（25cm 1枚分）

リスドォル	250g
インスタントドライイースト	5g
砂糖	30g
塩	5g
卵	50g
牛乳	110g
バター	30g

● シュロトイゼル

薄力粉	25g
砂糖	20g
バター	20g

● ダークチェリーのジャム
（作りやすい分量）

ダークチェリー（缶詰）	200g
缶詰のシロップ	50g
グラニュー糖	35g
コーンスターチ	小さじ2

【下準備】

◎ シュトロイゼルを作る。

1. ふるった薄力粉、砂糖、バターをボウルに入れ、カードでバターを細かくする。
2. 細かくなったら手のひらで擦り落とし、小さな粒にする。使う直前まで冷蔵庫に入れておく。

◎ ダークチェリーのジャムを作る。

1. グラニュー糖とコーンスターチをよく混ぜてから、すべての材料を鍋に入れ、中火にかける。しっかり煮詰まったら、火から下ろして完全に冷ます。

【作り方】

※ P.12～13ストレート法の「ミキシング」**1～7・11**まで進め、28℃～30℃で40分発酵させる。

1. 2倍に発酵したらガスを抜き、俵型にする。ラップをふんわりかけ、10分休ませる。

2. 巻き終わりを上にして、めん棒で25cmの円形に伸ばし、オーブンシートにのせる。

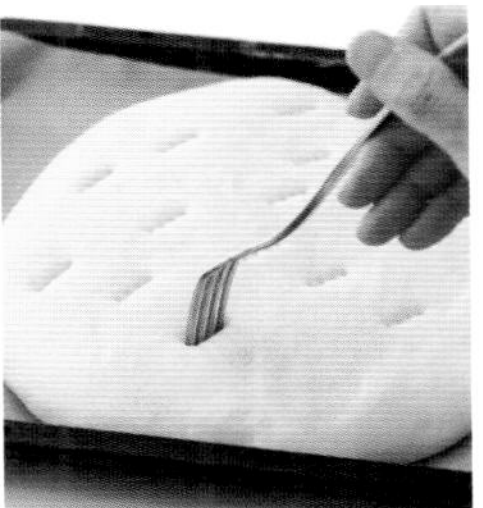

3. 35℃で15分発酵させる。オーブンを180℃で予熱する。生地をフォークで刺して、ピケをする。

4. ダークチェリーのジャムとシュトロイゼルを順にのせる。

5. 180℃のオーブンで15分焼成する。

シュトレン

パンタイプのシュトーレン。
スパイスとフルーツのアルコール漬けが
よいハーモニーを醸し出しています。

シュトレン

【材料】（20cm 1本分）

イーグル……200g
インスタントドライイースト……4g
砂糖……40g
塩……2.5g
シナモンパウダー……小さじ1
ナツメグパウダー……小さじ1/2
卵……50g
牛乳……90g
バター……50g

● フルーツのアルコール漬け
ドライレーズン……100g
ドライクランベリー……30g
オレンジピール……40g
ドレンチェリー……10g
ラム酒……大さじ1
ブランデー……大さじ1

クルミ……20g
アーモンドスライス……30g
アーモンドホール……20g
マジパンローマッセ……90g
溶かしバター……20g
粉糖……適量

【下準備】

◎ ナッツ類は160℃のオーブンで5～10分ローストし、水に漬けて水切りする。
◎ フルーツ類はラム酒とブランデーに漬ける（2週間）。
◎ ドレンチェリーを1cm角にカットする。
◎ マジパンを15cmの棒状にする。

【作り方】

※ P.12～13ストレート法の「ミキシング」**1**～**11**（バターは2回に分けて入れる）まで進め、28℃～30℃で60分発酵させる。

1. とじ目を上にして台におき、めん棒で23×16cmに伸ばす。

2. 生地の中心にめん棒をあてて軽くくぼみをつけ、くぼみから少し離してマジパンをおく。

3. マジパンがのっていない生地の端から2cmくらいを折り、さらに二つ折りにする。

4. オーブンシートにのせ、28℃～30℃で40分発酵させる。オーブンを170℃で予熱する。

5. 170℃のオーブンで30分焼成する。焼き上がったら、熱いうちに溶かしバターを刷毛で叩く。

6. しっかり冷めたら、全体に粉糖をかける。

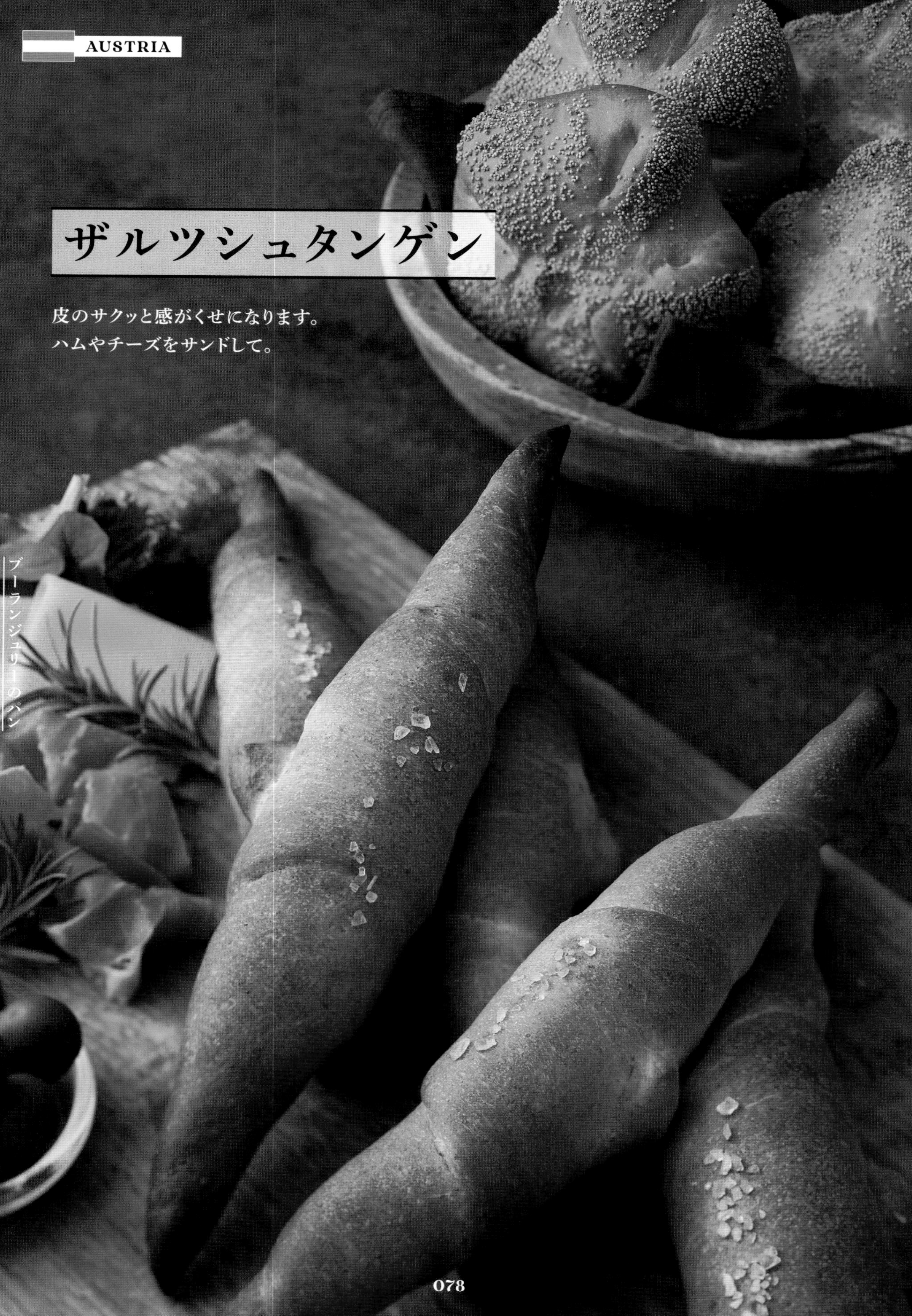

ザルツシュタンゲン

皮のサクッと感がくせになります。
ハムやチーズをサンドして。

ザルツシュタンゲン

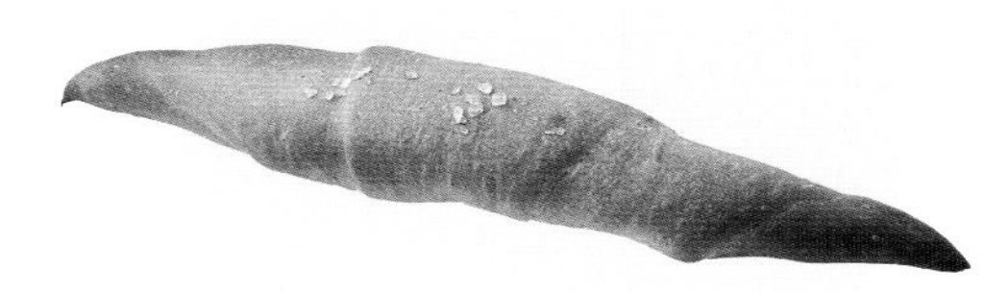

【材料】（27cm 4本分）

リスドォル ……… 130g
全粒粉 ……… 30g
インスタントドライイースト ……… 2g
砂糖 ……… 5g
塩 ……… 2g
スキムミルク ……… 5g
水 ……… 85g
ラード ……… 20g
岩塩（成形用）……… 適量

【作り方】

1. ボウルに材料を入れ混ぜる。台に出して生地がなめらかになるまで、擦り付けるように生地を伸ばして戻すを繰り返し、丸める。28℃～30℃で40分発酵させる。

2. 1.8倍に発酵したらとじ目を上にして、めん棒で25cmの円形に伸ばす。

3. 中心に向かってカードで4分割し、ラップをかけ15分休ませる。

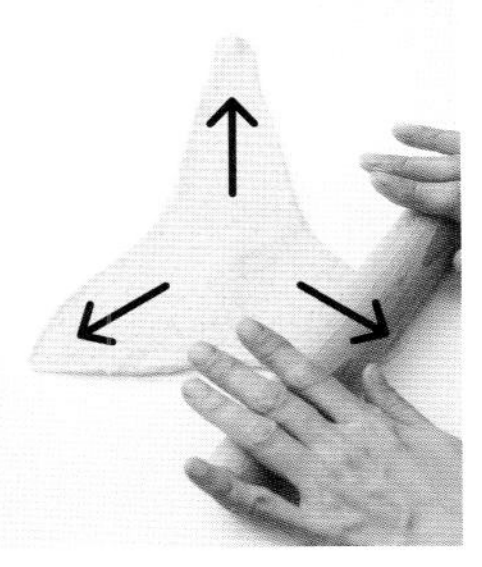

4. めん棒で中心から上に生地を伸ばし、残りは斜め右下、左下にそれぞれ伸ばす。

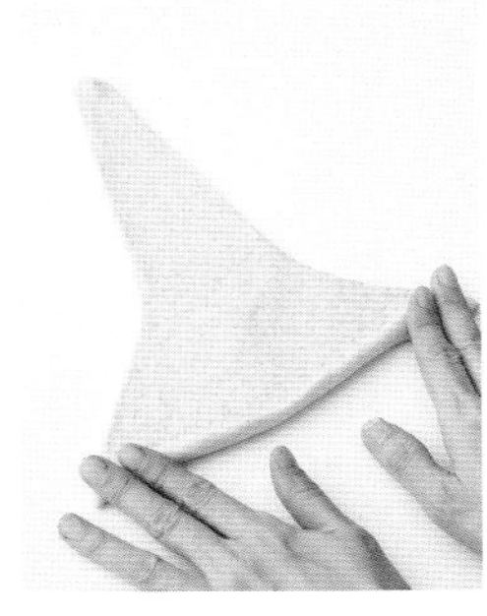

5. 底辺を5mmくらいひと折りし、生地の両端に中指を添える。

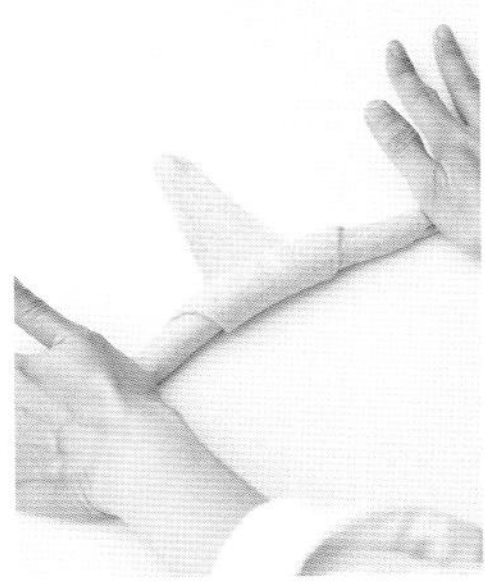

6. やや外側に向かって生地を転がしながら巻く。

7. 巻き終わりを下にしてキャンバス地にのせ、30℃で30分発酵させる。オーブンを220℃で予熱する。

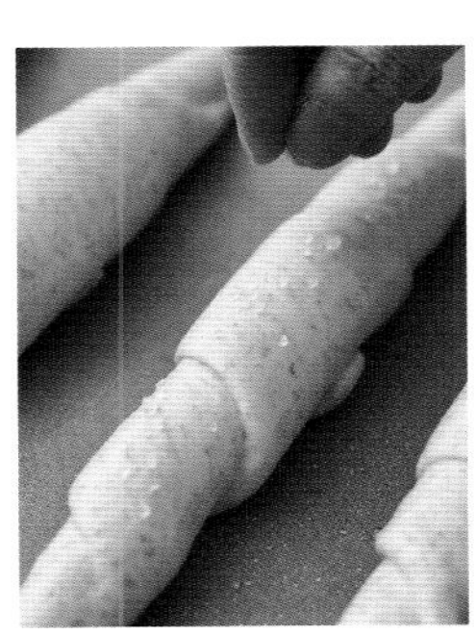

8. オーブンシートに移す。生地の上に霧吹きをかけ、中心部分に岩塩を散らす。210℃のオーブンで10分焼成する。

カイザーゼンメル

オーストリアでは朝食の定番です。

【材料】（4個分）

リスドォル …… 150g
イーグル …… 30g
インスタントドライイースト …… 3g
砂糖 …… 5g
塩 …… 3g
水 …… 110g
ラード …… 5g
ポピーシード …… 適量

【作り方】 ※ P.12〜13ストレート法の「ミキシング」**1〜3、4'・6・11**（ラードは最初から入れておく）まで進め、28℃〜30℃で40分発酵させる。

1. 2倍に発酵したらガスを抜き、1個75gに4分割してゆるく丸める。ラップをふんわりかけ、10分おく。

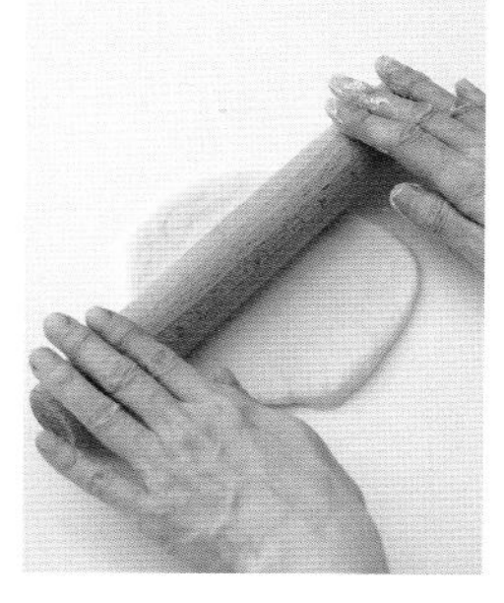

2. とじ目を上にして、めん棒で15cmの円形に伸ばす。

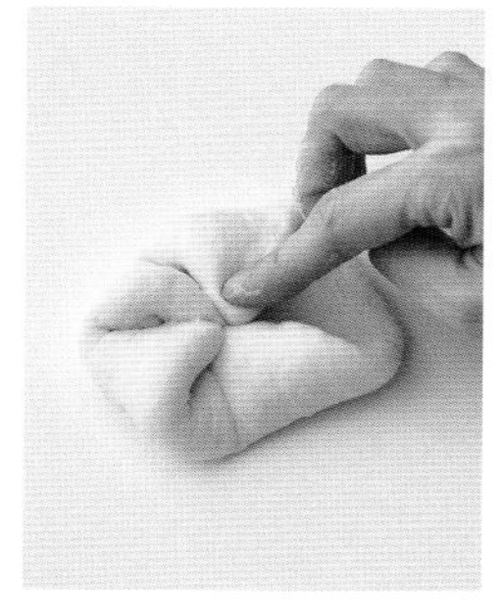

3. 中心に生地を持ってきて軽く押さえ、生地を少し回転させる。

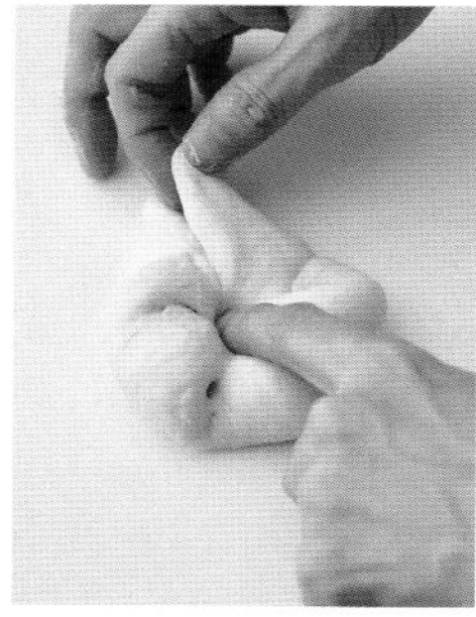

4. さらに生地を中心に持ってきて軽く押さえ、回転させるを5回繰り返す。

5. 生地の上に軽く霧吹きをかけ、ポピーシードをつけてオーブンシートにのせる。35℃で30分発酵させる。

6. オーブンを200℃で予熱する。オーブンにスチームを入れ、200℃で16分焼成する。

Point

もっと簡単に成形するには

生地を丸めてポピーシードをつける。
- **ゼンメル型**
  ゼンメル型を押す。
- **フォーク**
  フォークの横にして生地の中心から当て、下に向かって押す。残り4ヶ所を同様にする。

ツオップ

編みパン。生地を伸ばすとき中心を太く、先を細くして違う食感を楽しむのも。

【材料】（34cm 1個分）

イーグル ･･････････････ 250g
インスタントドライイースト ･･･ 4g
塩 ･･････････････････ 5g
スキムミルク ･･･････････ 10g
水 ･･････････････････ 110g
卵 ･･････････････････ 30g

● **ホイップバター**
バター ････････････････ 30g
砂糖 ･････････････････ 35g
アーモンドスライス ･････ 適量

【下準備】
◎ バターを室温に戻す。

【作り方】

1. 室温に戻したバターをボウルに入れ、ミキサーにかける。

2. 砂糖を加えてさらに白っぽくなるまでホイップしたら、冷蔵庫で休ませる。

3. すべての材料を混ぜ、P.12〜13ストレート法の「ミキシング」**1**〜**3**・**4'**・**6**・**11**と同様に行い、冷蔵庫に1時間おく。

4. 1個118gに4分割して軽く丸め、10分休ませる。

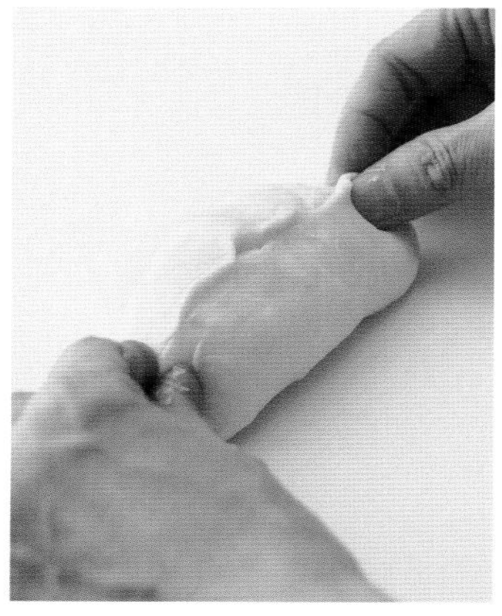

5. とじ目を上にしてガスを抜き、手前から巻き、巻き終わりをしっかりとじる。残りも同様に行う。

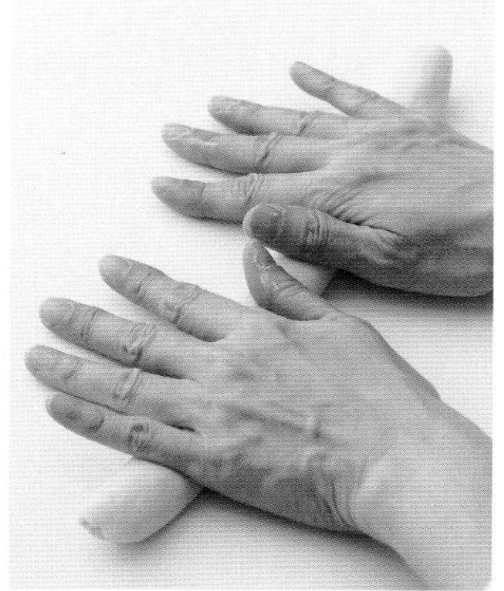

6. 両手で転がし30cmに伸ばす。残りも同様に行う。

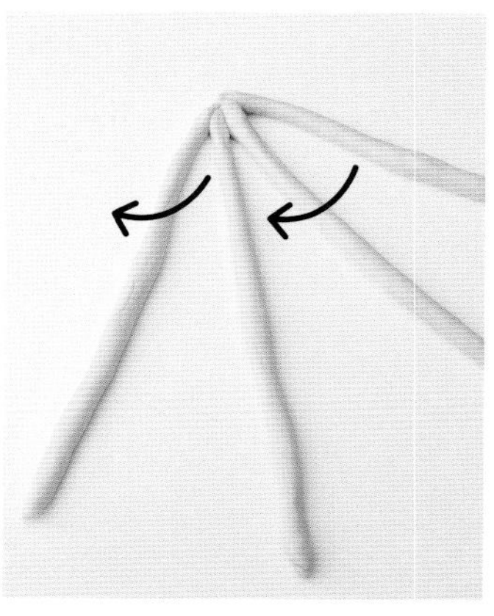

7. 60cmに伸ばし、4本の放射状に並べる。

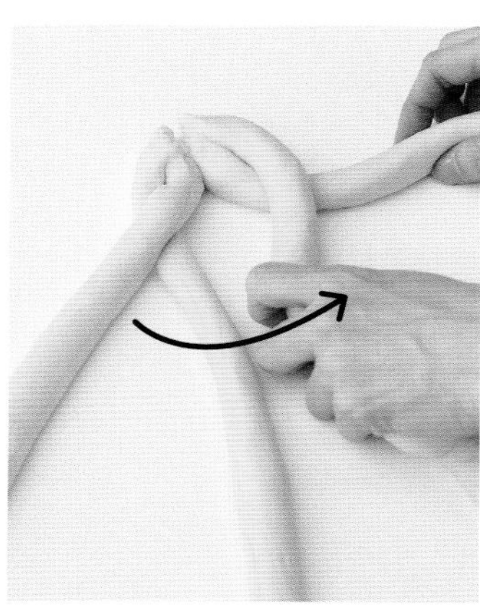

8. 左から2本目と右端の生地を左隣の生地の上を交差させる。

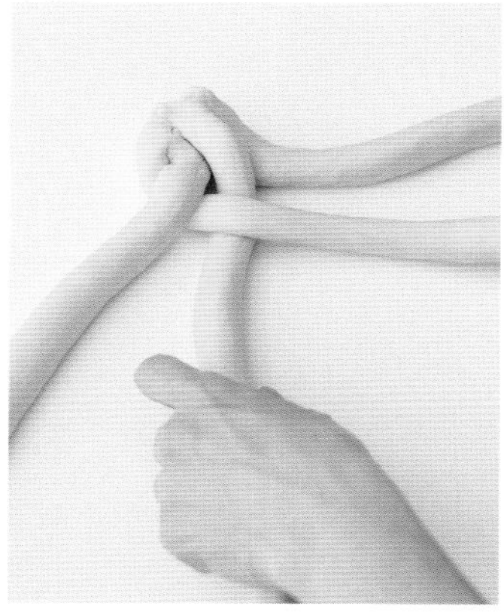

9. 左から2本目の生地を3本目の生地の上を交差させる。

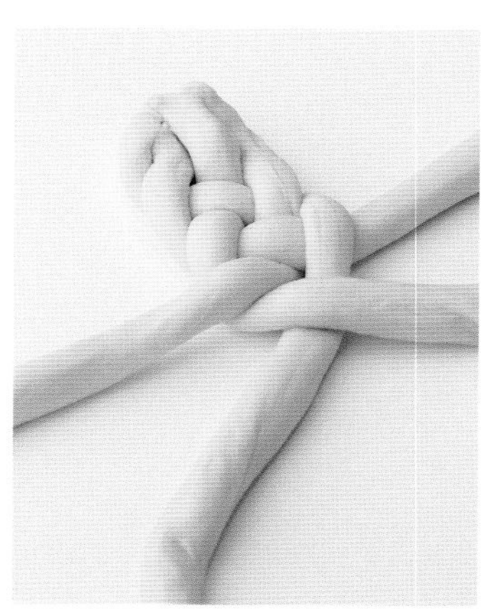

10. 8〜9を繰り返す。

11. 編み終わりをつまんで裏に少し折り、オーブンシートにのせる。35℃で30分発酵させる。オーブンを190℃で予熱する。

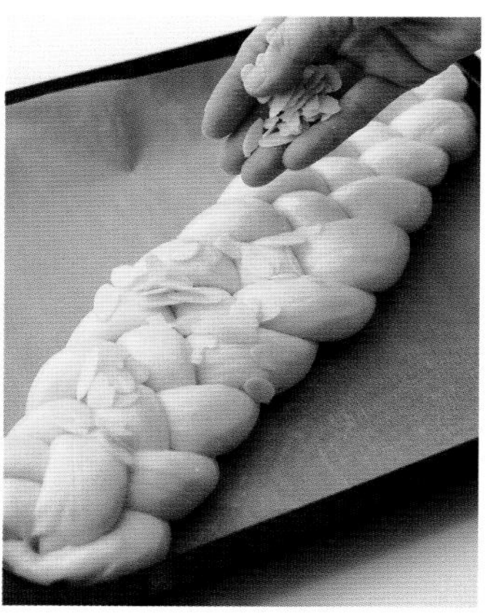

12. 卵(分量外)を塗り、アーモンドスライスをのせ、190℃のオーブンで18分焼成する。

クグロフ

シロップをたっぷり叩いて しっとり口どけのよいクグロフ。

【材料】（15㎝のクグロフ型１個）

イーグル	160g
インスタントドライイースト	2.5g
砂糖	20g
ハチミツ	10g
塩	2.8g
卵黄	1個
卵	40g
生クリーム（乳脂肪分35％）	20g
牛乳	30g
バター	50g
ラム酒漬けのレーズン	65g
アーモンド	15g（生地に入れる）＋5g（型に入れる）
シロップ	適量

【下準備】

◎ アーモンドは160℃のオーブンで10分ローストし、水に10分漬けて水切りする。

◎ クグロフ型にバター（分量外）を塗り、アーモンド5粒を入れる。

◎ 鍋に水（50g）と砂糖（25g）を入れて火にかけ、砂糖が溶けたら火から下ろす。完全に冷めたら、ラム酒（3g）を加えてシロップを作る。

クグロフ サレ

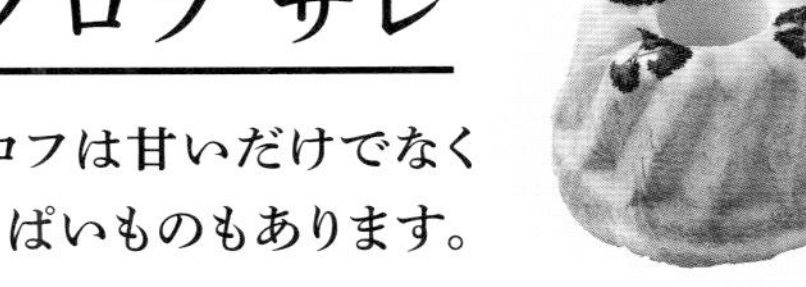

クグロフは甘いだけでなく しょっぱいものもあります。

【材料】（15㎝のクグロフ型１個）

イーグル	160g
インスタントドライイースト	2.5g
砂糖	5g
塩	2.8g
卵	50g
牛乳	45g
バター	50g
ベーコン（スライス）	2枚
玉ねぎ	1/4個
パセリ	適量

【下準備】

◎ ベーコンは幅3㎜にスライスし、玉ねぎは薄くスライスする。フライパンで炒め、玉ねぎがしんなりしてきたら、塩とこしょう胡椒（分量外）で濃いめに味を整える。

◎ クグロフ型にバター（分量外）を塗り、パセリを散らす。

【クグロフの作り方】

※ P.12〜13ストレート法の「ミキシング」**1**〜**11**(バターは2回に分けて入れる)まで進め、28℃〜30℃で50分発酵させる。

1. 1.5倍に発酵したら平らにし、俵型にして10分おく。

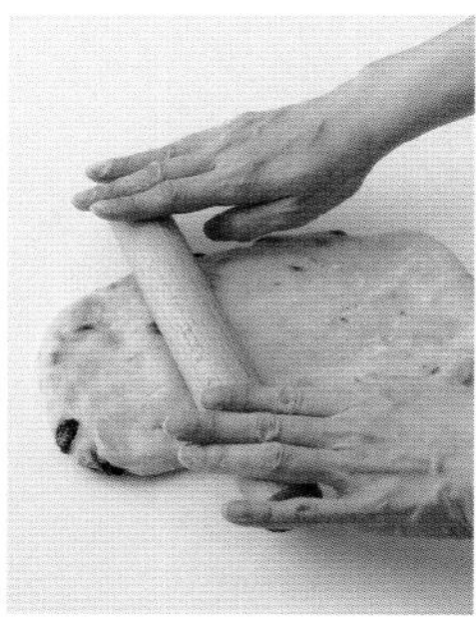

2. とじ目を上にして生地をおき、めん棒で13×25cmに伸ばす。

3. 手前から巻く。

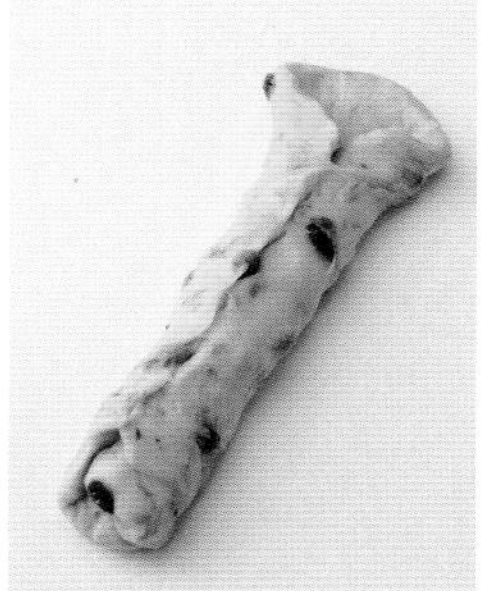

4. 巻き終わりを上にし、右側の巻きを少し戻す。

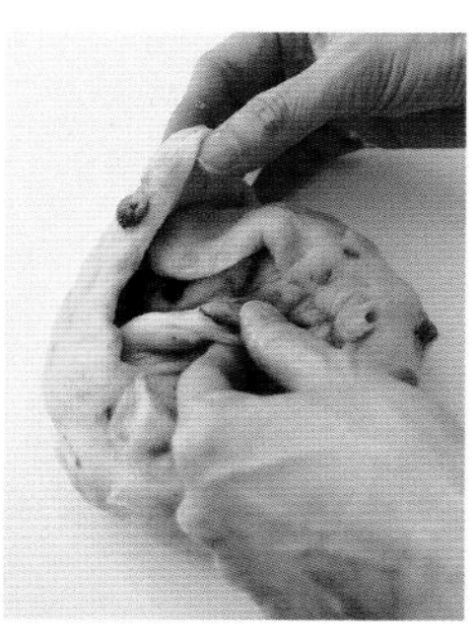

5. 生地を輪にして、戻した生地の上にのせて包む。

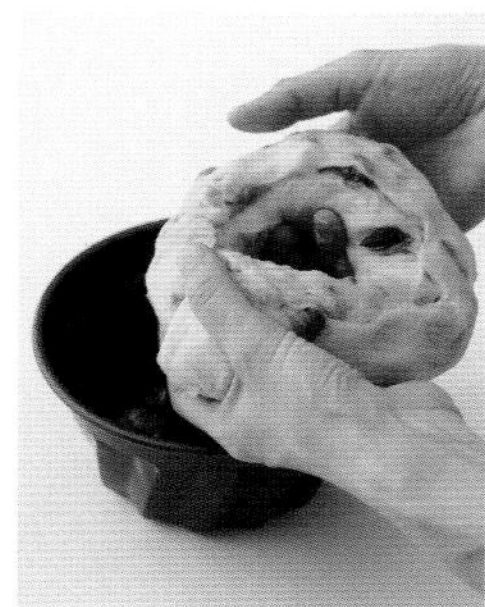

6. とじ目を上にして型に入れ、35℃で30分発酵させる。オーブンを190℃で予熱する。

7. 180℃のオーブンで10分焼成し、170℃に下げてさらに10分焼成する。焼き上がったら型をはずす。

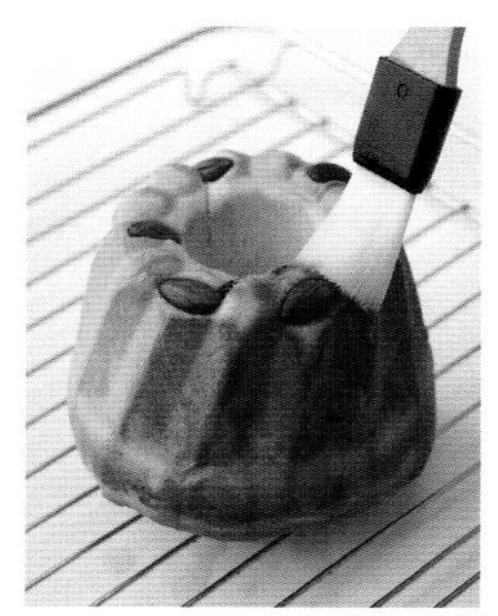

8. 熱いうちにシロップを刷毛で叩く。

【クグロフ サレの作り方】

※ P.12〜13ストレート法の「ミキシング」**1**〜**7**(バターは2回に分けて入れる)・**11**まで進め、28℃〜30℃で50分発酵させる。

1. 1.5倍に発酵したら平らにし、俵型にして10分おく。

2. とじ目を上にして生地をおき、めん棒で13×25cmに伸ばす。

3. 向こう側1cmと右側2cmを残し、ベーコンと玉ねぎを散らし手前から巻く。以下クグロフの手順**4**〜**7**までを同様に進める。

イタリアのパン

イタリアのパンは
ついつい食べすぎてしまうのがいっぱい。

チャバタ

**「スリッパ」という意味のパン。
そのままでもサンドイッチにしても。**

【材料】（3個分）

リスドォル……180g
インスタントドライイースト……1g
塩……3.2g
水……115g
オリーブオイル……9g
こしょう……適量
セモリナ粉……適量
オリーブオイル……適量

【作り方】 ※ P.12～13ストレート法の「ミキシング」**1**～**6**（オリーブオイルは最初から入れる）・**11**まで進め、28℃～30℃で40分発酵させる。

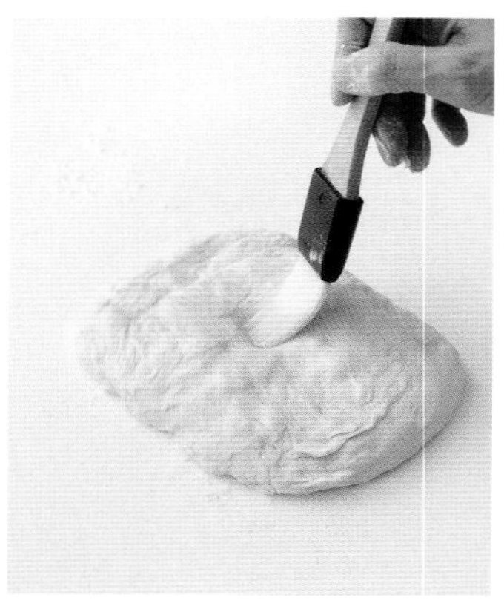

1. セモリナ粉を広げた台に生地を出し、オリーブオイルを刷毛で叩く。

2. 指で穴をあけるように生地を広げ、こしょうをまぶす。

3. 三つ折りにし、28℃～30℃で40分発酵させる。オーブンに天板を入れて最高温度で予熱する。

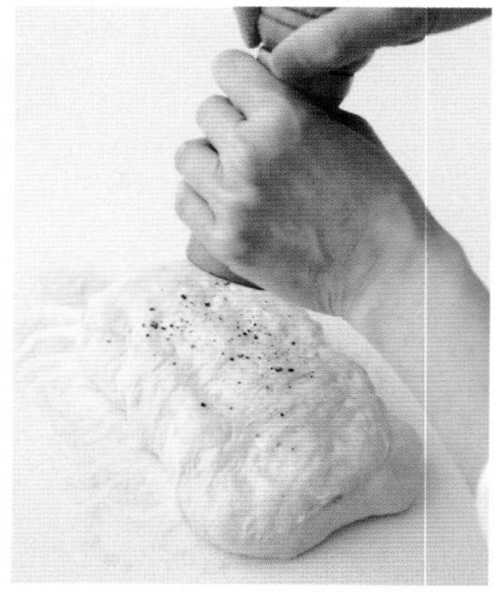

4. セモリナ粉を広げた台に生地を出し、オリーブオイルを塗ってこしょうをまぶす。

5. 4辺を切り落として3等分にする。オーブンシートに移して、28℃～30℃で20分発酵させる。

6. クープを入れ、230℃のオーブンで15分焼成する。

カルツォーネ

**ピザ用の生地でトマトソースと
モッツァレラチーズを包んで。**

【材料】（3個分）

リスドォル ……… 200g
インスタントドライイースト ……… 2g
砂糖 ……… 5g
塩 ……… 2g
水 ……… 120g
オリーブオイル ……… 15g

● **フィリング**
ピザ用チーズ ……… 30g
モッツァレラチーズ ……… 30g
ハム ……… 3枚
トマトソース ……… 100g

【下準備】

◎ モッツァレラチーズとハムは1cm角にカットする。
◎ トマト缶200gを100gになるまで煮詰めてトマトソースを作る。

【作り方】

1. ボウルに材料を入れ、よく混ぜる。生地を台に出し擦り付ける。全体がなめらかになったら丸める。28℃～30℃で30分発酵させる。
2. 1.5倍に発酵したらガスを抜き、1個115gに3分割してゆるく丸め、20分おく。 オーブンを230℃で予熱する。
3. とじ目を上にして生地をおき、めん棒で15cmに伸ばし、下半分にフィリングをのせる（**a**）。
4. 具がのっていない生地をはがし、具の上にかぶせる（**b**）。
5. 端をしっかり合わせ、合わせた部分を内側に折る（**c**）。
6. オーブンシートにのせる（**d**）。220℃のオーブンで10分焼成する。

a

b

c

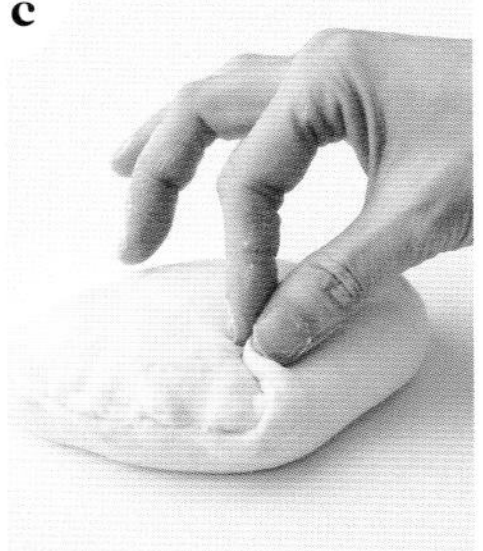

d

グリッシーニ

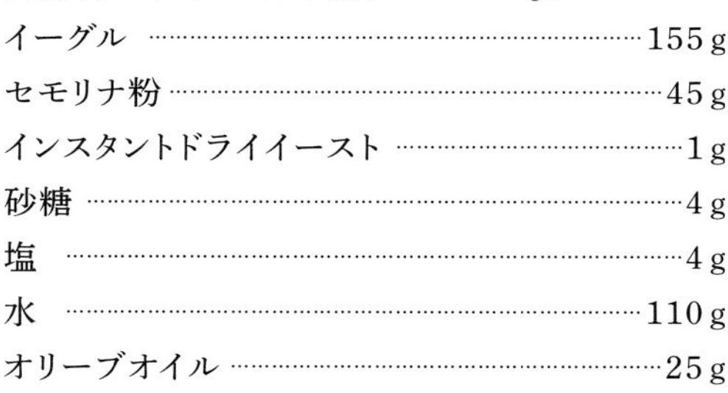

**生ハムを巻いたり、
チョコディップをつけたり。**

【材料】（16～17本分）

イーグル……155g
セモリナ粉……45g
インスタントドライイースト……1g
砂糖……4g
塩……4g
水……110g
オリーブオイル……25g

【作り方】

1. ボウルに材料を入れ、よく混ぜる。生地を台に出し生地を擦り付ける。全体がなめらかになったら丸める。28℃～30℃で40分発酵させる。オーブンを170℃で予熱する。
2. 1個20gを16～17分割し、手前から巻く。
3. 残りを同様に巻いたら、両手で生地を転がして20cmに伸ばす。
4. 残りを同様に伸ばしたら、さらに30cmに伸ばし、オーブンシートに並べる（**a**）。
5. 170℃のオーブンで30分焼成する。残り10分になったら、天板を一度出し、天板をゆすって生地の上下を裏返す（**b**）。

a

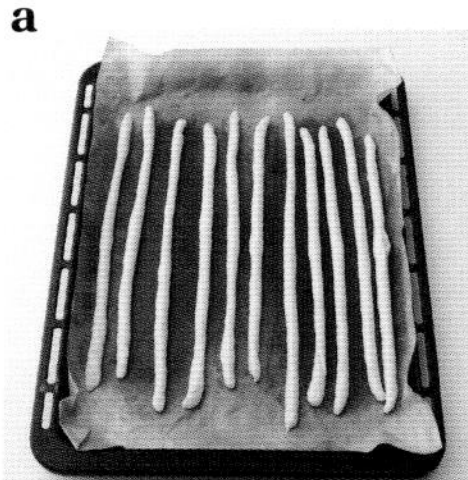

b

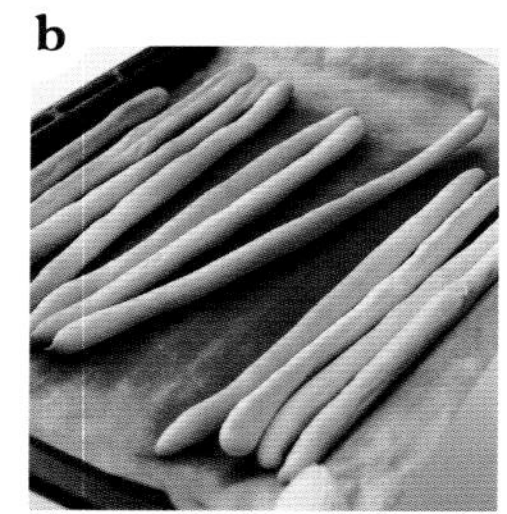

フォカッチャ

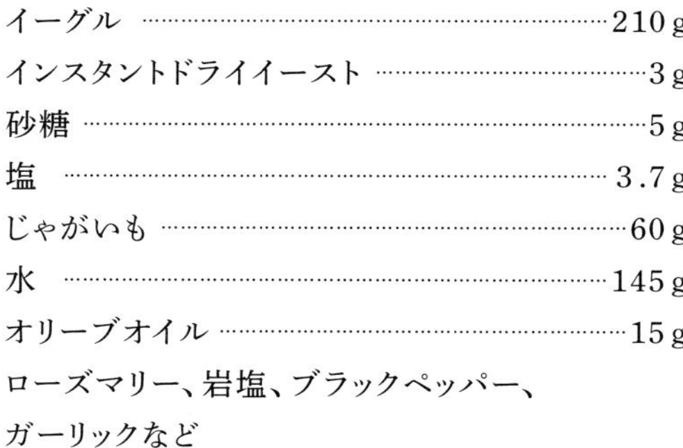

**じゃがいもを入れた
ちょっとモチっとした食感。**

【材料】（2個分）

イーグル……210g
インスタントドライイースト……3g
砂糖……5g
塩……3.7g
じゃがいも……60g
水……145g
オリーブオイル……15g
ローズマリー、岩塩、ブラックペッパー、ガーリックなど

【下準備】

◎ じゃがいもは皮を剥いて1cm角にカットし、茹でる。竹串が刺さるくらいになったらざるにあげ、しっかり冷ましておく（じゃがいもの茹で汁を水の代わりに使用してもよい）。

【作り方】

※ P.12～13ストレート法の「ミキシング」**1**～**3**（オリーブオイルは最初から入れる）・**4'**・**11**まで進め、28℃～30℃で40分発酵させる。
1. 1.8倍に発酵したら、1個220gに2分割してゆるく丸める。ラップをかけ、15分休ませる。
2. とじ目を上にして生地をおき、めん棒で20×10cmの楕円に伸ばし、オーブンシートにのせる（**a**）。
3. 35℃で30分発酵させる。オーブンを200℃で予熱する。
4. 生地の表面にオリーブオイル（分量外）を塗り、指で穴をあけてトッピングをのせる（**b**）。
5. 200℃のオーブンで10分焼成する。

a

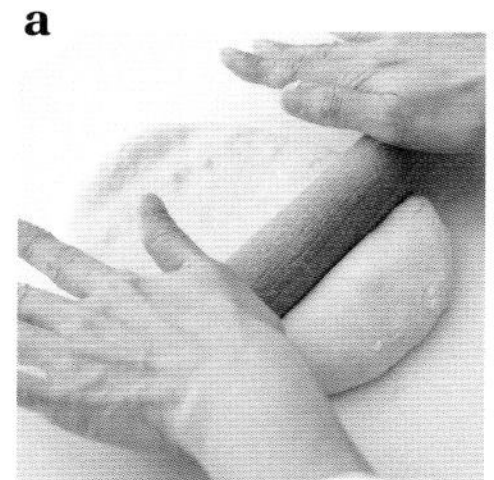

b

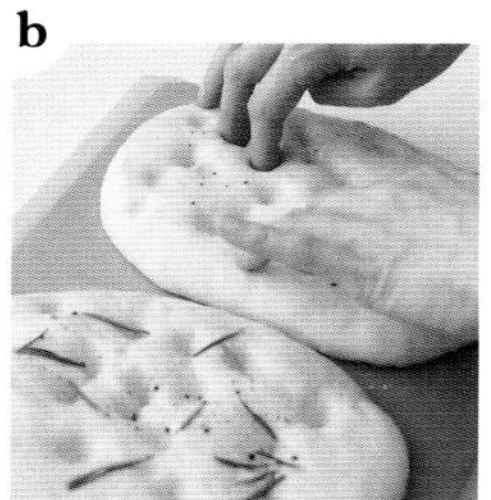

ピザ

**ひとつの生地でクリスピータイプと
パンタイプのピザが作れちゃう。**

【材料】（2枚分）

リスドォル……180g
インスタントドライイースト……1g
塩……3g
水……115g

● **トマトソース**（作りやすい分量）
- トマト缶……1個
- オリーブオイル……大さじ2
- ニンニク……少々
- 玉ねぎ……中1/2個
- ケチャップ……小さじ2
- しょう油……少々
- 砂糖……小さじ1
- 乾燥オレガノ……小さじ1/2
- 乾燥バジル……大さじ2/3

ピザ用チーズ……適量
お好みのトッピング……適量

【下準備】

◎ トマトソースを作る。

1. にんにくはみじん切り、玉ねぎは粗みじん切りにする。
2. フライパンにオリーブオイルと1を入れ、玉ねぎがしんなりするまで炒める。
3. トマト缶を加え、水気が半分くらいになるまで煮詰める。
4. 残りの材料を加え、塩とこしょう（分量外）で味を調える。

【作り方】

※ P.12～13ストレート法の「ミキシング」**1**～**3**・**4'**・**11**まで進め、28℃～30℃で1時間発酵させる。

1. 2倍に発酵したら、1個150gに2分割してゆるく丸める。ラップをかけ、20分おく。オーブンに天板を入れ、最高温度で予熱する。
2. 生地1枚（パンタイプ）はとじ目を上にして台におき、めん棒で20㎝の円形に伸ばし、オーブンシートにのせる。35℃で30分発酵させる（**a**）。
3. もう1枚（クリスピータイプ）はとじ目を上にしてめん棒で25㎝の円形に伸ばし、オーブンシートにのせる。トマトソースを塗り、ピザ用チーズをのせる（**b**）。
4. **3**を最高温度で3～5分焼成する。焼き上がったらブラックペッパー（分量外）をかける（**c**）。
5. **2**にトマトソースを塗り、ピザ用チーズをのせる。お好みのトッピングをする（**d**）。
6. 220℃のオーブンで10分焼成する。

a
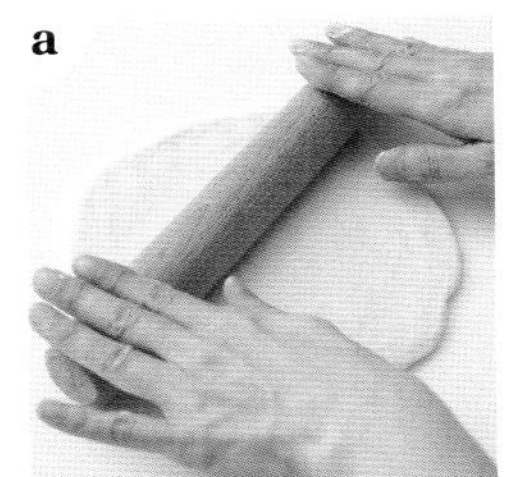

b

c

d

パネトーネ

ミラノ発祥、クリスマスの伝統菓子。
パネトーネ種は使わずに作りやすいレシピで…。

【材料】（8×5cmのパネトーネ型4個分）

リスドォル …… 160g
インスタントドライイースト … 3g
砂糖 …… 18g
塩 …… 2.8g
牛乳 …… 50g
卵 …… 50g
無糖ヨーグルト …… 20g
バター …… 60g

● **ドライフルーツのアルコール漬け**
ドライサルタナレーズン … 40g
ドライクランベリー …… 20g
オレンジピール …… 20g
ラム酒 …… 大さじ2

焼成用バター …… 適量
仕上げ用バター …… 15g

【下準備】

◎ ドライフルーツのアルコール漬けを作る。
1. 材料をビニール袋に入れ、空気が入らないように密閉する。
2. 1週間、毎日上下を1回入れ替える。
◎ 仕上げ用のバターを溶かす。

【作り方】 ※ P.12～13ストレート法の「ミキシング」**1**～**11**（バターは2回に分けて入れる）まで進め、冷蔵庫に1時間入れる。

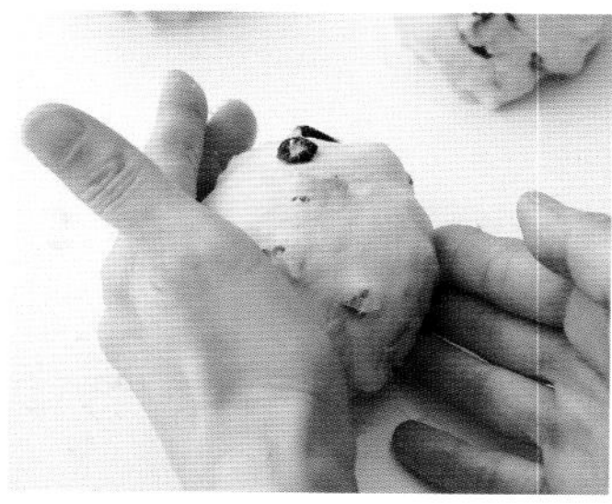

1. 1個115gに4分割してゆるく丸める。ラップをかけ、10分おく。

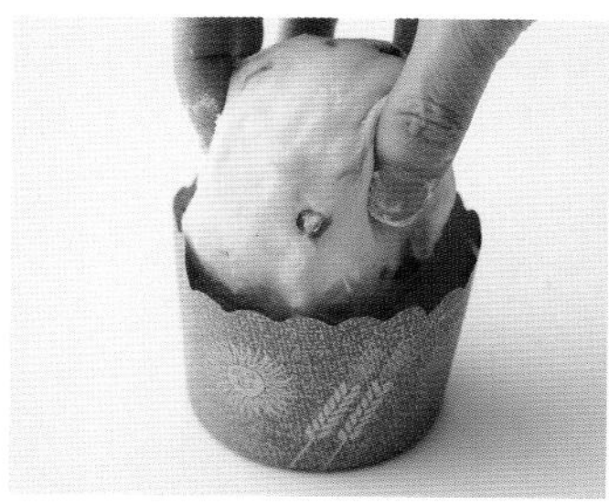

2. しっかり丸め、とじ目を下にしてパネトーネ型に入れる。28℃～30℃で60～90分発酵させる。オーブンを180℃で予熱する。

3. 卵（分量外）を塗り、クープナイフまたはハサミで深さ1mmのクープを入れる。

4. クープの上にバター（5mm角）をのせ、180℃のオーブンで10分、160℃に下げて5分焼成する。

5. 焼き上がったら、溶かしバターを刷毛で塗る。

クロワッサン

生地が伸びないときは一度冷蔵庫で休ませて。
手間がかかるパンだからこそ、丁寧にゆっくりと…。

クロワッサン

【材料】（6個分）

リスドォル	200g
発酵生地	40g
インスタントドライイースト	3g
塩	3.6g
砂糖	20g
スキムミルク	5g
水	90g
卵	15g
バター	15g
折り込み用バター	100g

【下準備】 ◎折り込み用のバターを作る。

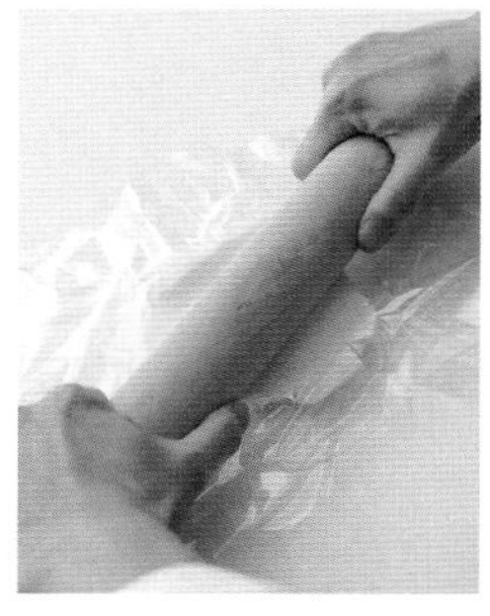

1. 折り込み用のバターをラップで挟み、めん棒で押しつぶす。

2. 11×11cmになるように伸ばし、冷蔵庫に入れる。

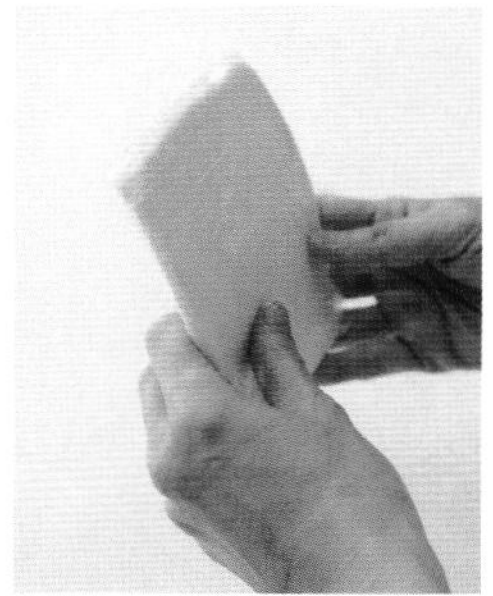

3. 使用するときは、バターを振って軽くしなるくらいの固さにする。

【作り方】

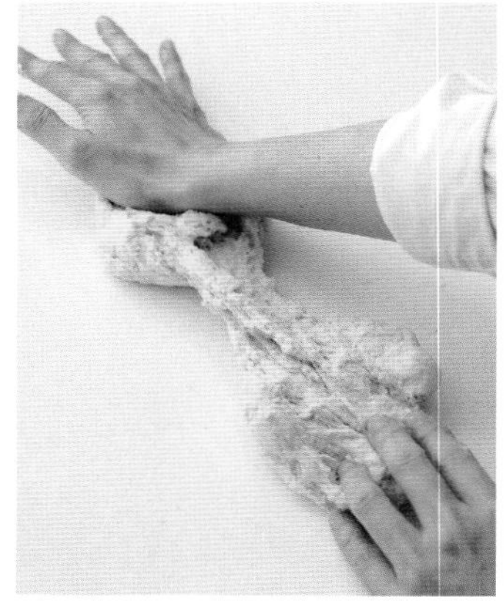

1. p.12〜13ストレート法の「ミキシング」**1**〜**3**・**7**を進め、ひとまとめにする。

2. 厚さ1.5cmの正方形にし、ラップに包み冷凍庫に2時間入れる。

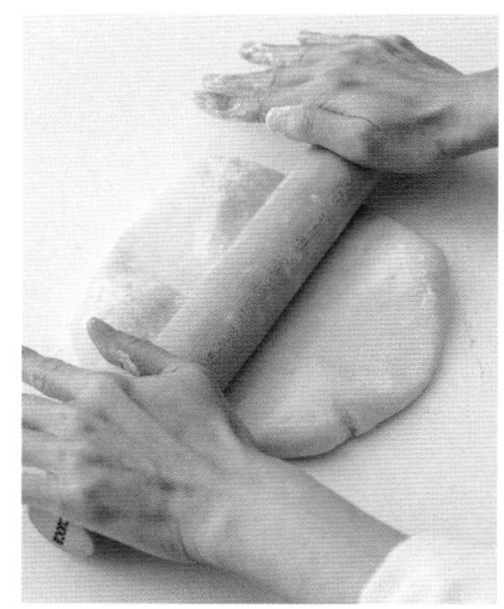

3. 冷凍庫から出した生地を上下左右2cmを残し、めん棒を転がす。

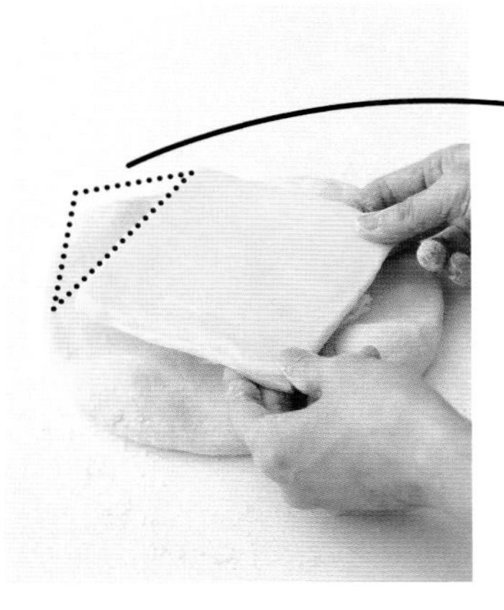

4. 折り込み用バターが置けるくらいまで生地を伸ばす。

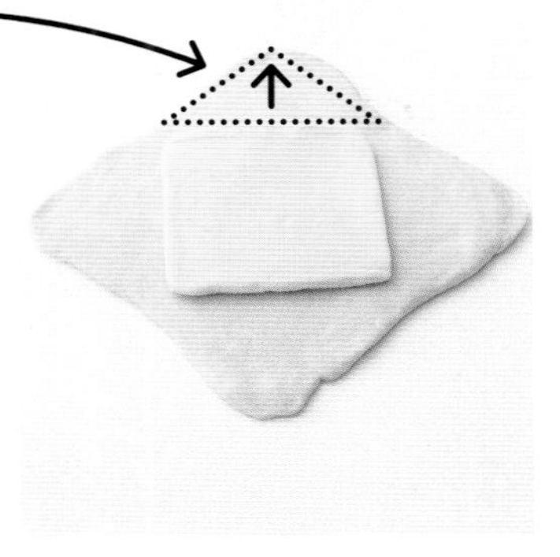

5. 残しておいた生地をバターが包める大きさまで伸ばす。

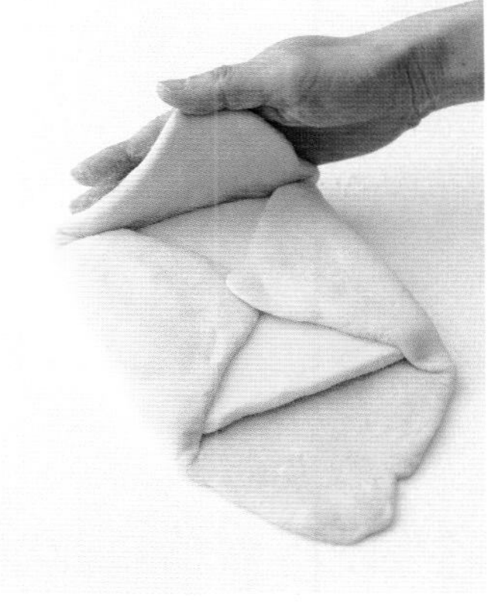

6. 生地とバターの間に隙間ができないように包む。

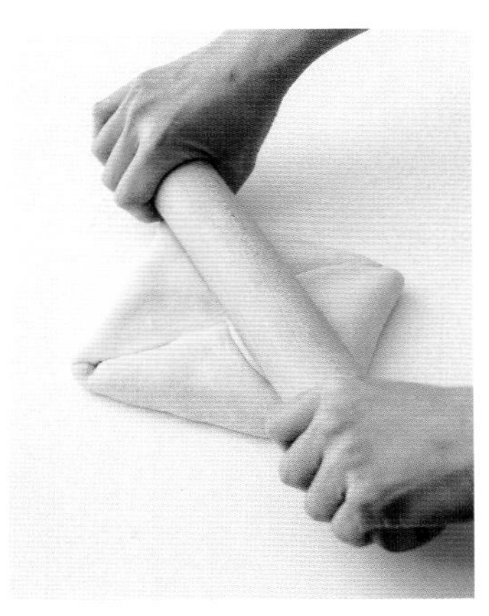

7. めん棒で4辺をたたき、さらに生地の合わせ目を軽く押す。

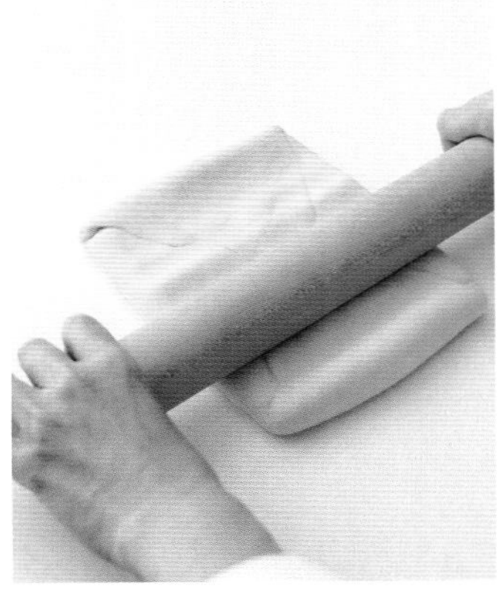

8. 中心から外側に向かってめん棒で押す。上下1cmは押さずに残しておく。

9. 1cmを残して中心からめん棒を転がし、長さ30cmに伸ばす。

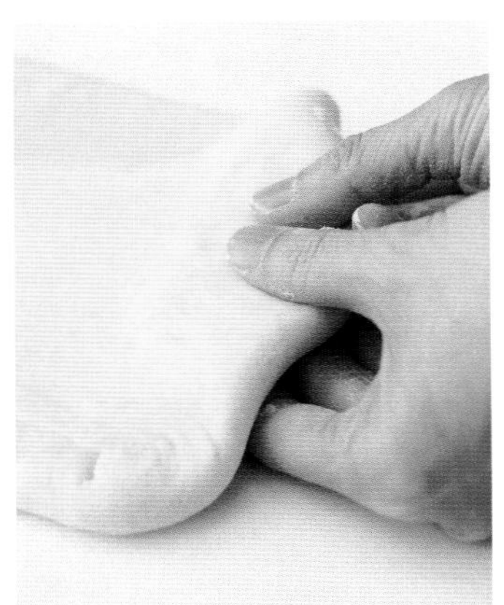

10. 残しておいた1cmの生地をバターと一緒に指先で丁寧に伸ばす。

11. 全体を均等の厚さにし、三つ折りにする。

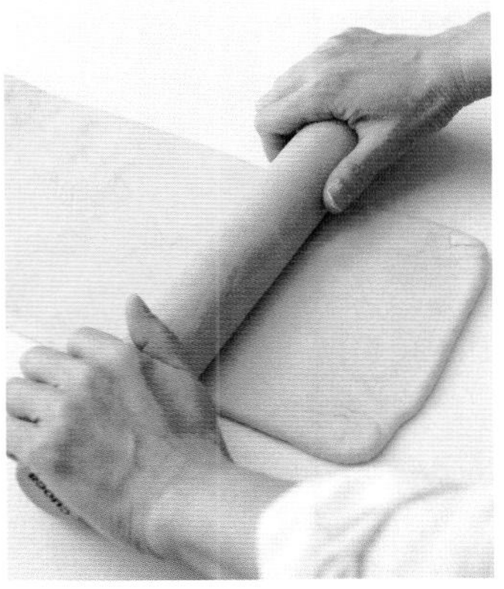

12. 折り目を軽く押す。

13. 厚さ1cmに伸ばしてラップでくるみ、冷蔵庫もしくは冷凍庫で20〜30分休ませる(1回目の折り込み)。

14. 生地の中心からめん棒で軽く押す。

15. 中心から転がし、35×20cmに伸ばす。

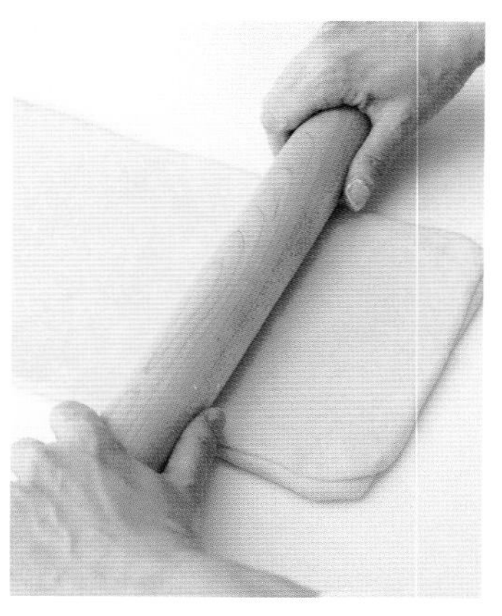

16. 全体を均等の厚さにし、三つ折りにする。折り目は軽く押す。

17. 厚さ1cmに伸ばしてラップでくるみ、冷蔵庫もしくは冷凍庫で20〜30分休ませる(2回目の折り込み)。

18. **14〜17**をもう一度繰り返す(3回目の折り込み)。

19. めん棒で縦20×28cmに伸ばす。冷蔵庫で20〜30分休ませる。

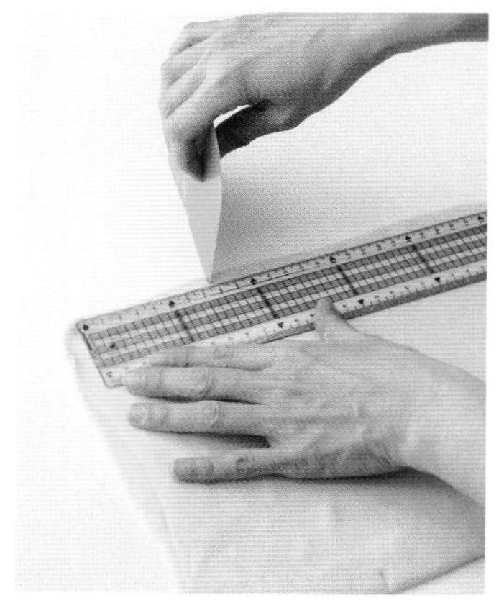

20. 生地の左上から右上に向かって8cmごとに印をつける。

21. 右下から左下に向かって8cmごとに印をつける。

22. 上下の印を結び、ガイドラインをつける（2等辺三角形が6個できる）。

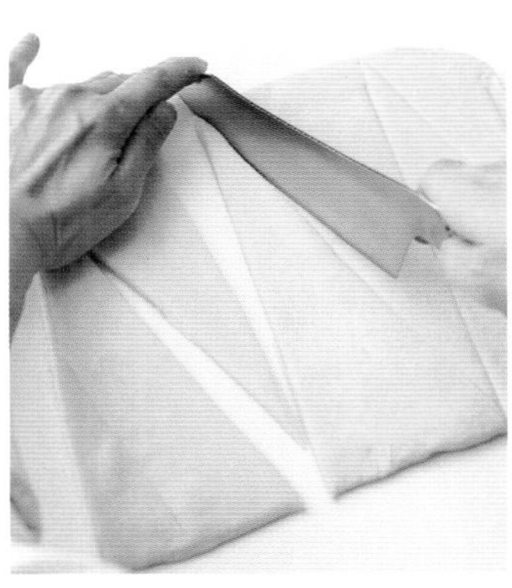

23. ガイドラインに沿って包丁でカットする。

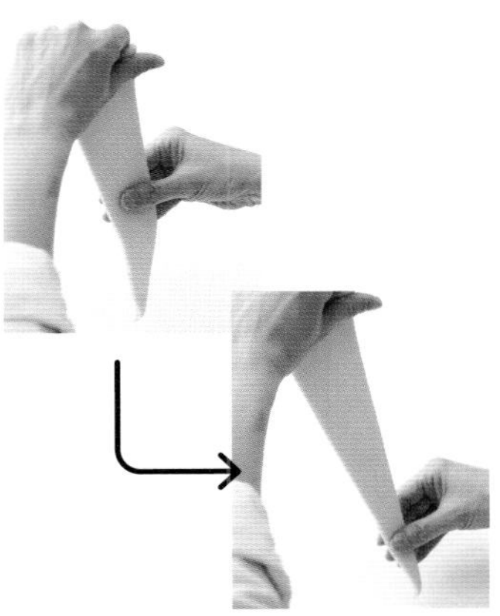

24. 三角の底辺を左手で持ち、右手の指先を生地の中心に添え、そっと下にすべらせて生地を伸ばす。

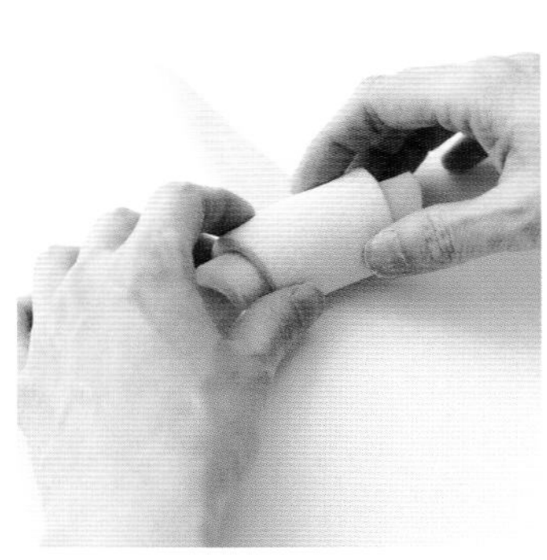

25. 三角の底辺から巻く。このとき断面をつぶさないように気をつける。

26. 巻き終わりを下にしてオーブンシートにのせる。ふんわりラップをかける。18〜28℃で60〜150分発酵させる。オーブンを200℃で予熱する。

27. 生地の厚さが2倍になったら、卵（分量外）を塗る。200℃のオーブンで15〜20分焼成する。

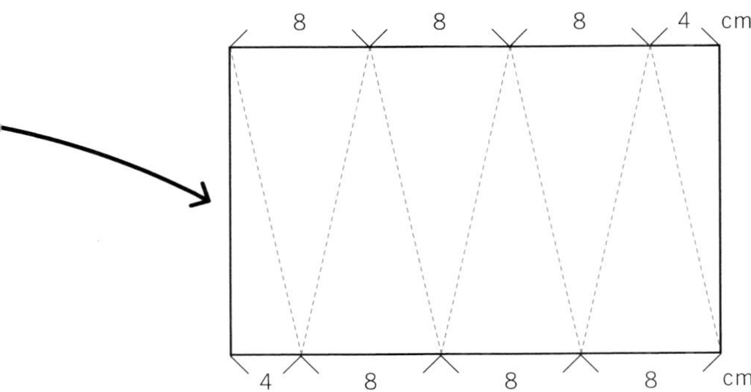

Point

生地が萎むので、焼き上がり5分前まではオーブンを開けないこと。

クロワッサン オ ザマンド

本来は売れ残ったクロワッサンで作ります。

【材料】（6個分）

クロワッサン ………… 6個

● シロップ
- 水 ………… 50g
- グラニュー糖 ………… 大さじ1/2
- ラム酒 ………… 大さじ1

● クレームダマンド
- バター ………… 60g
- グラニュー糖 ………… 60g
- 塩 ………… ひとつまみ
- 卵 ………… 50g
- アーモンドプードル ………… 70g

アーモンドスライス ………… 30g

粉糖 ………… 適量

a

b

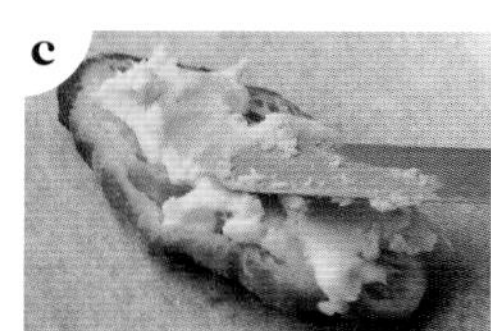

c

d

【下準備】

◎ シロップを作る。

1. 鍋に水とグラニュー糖を入れ火にかける。
2. グラニュー糖が溶けたら火から下ろす。冷めたらラム酒を加える。

◎ クレームダマンドを作る。

1. 室温に戻したバター、グラニュー糖、塩をボウルに入れ、白っぽくなるまでミキサーにかける。
2. 卵を2～3回に分けて加える。そのつどよくミキサーにかける。
3. アーモンドプードルを加え、粉気がなくなるまでゴムベラで混ぜる。

【作り方】

1. クロワッサンを横からカットする（**a**）。オーブンを180℃で予熱する。
2. 手で軽くつぶして、カットした面をシロップにつける（**b**）。
3. 下の断面にクレームダマンドを塗り、上を被せオーブンシートにのせる（**c**）。
4. 上にクレームダマンドを塗り、アーモンドスライスをたっぷり散らす（**d**）。
5. 180℃のオーブンで10～12分焼成する。
6. 粗熱がとれたら、粉糖をふるう。

パン オ ショコラ

バトンショコラではなく板チョコで代用。

【材料】（5個分）
※P.92「クロワッサン」と同じ+以下
チョコレート ……………………… 5個（7×2cm）

【作り方】 ※ P.92～94「クロワッサン」**1**～**18**まで進める。

1. めん棒で15×52cmに伸ばし、冷蔵庫で20～30分休ませる。

2. 4辺を切り落とし、1枚14×10cmに5枚カットし、生地の中心にチョコレートをおく。

3. 三つ折りにし、端を下にしてアルミカップ（10号）におく。18～28℃で60～150分発酵させる。オーブンを200℃に予熱する。

4. 生地の厚さが2倍になったら、卵（分量外）を塗る。200℃のオーブンで15～20分焼成する。

パン オ レザン

クロワッサン生地にカスタードクリームと
レーズンを巻き込んだパリパリとしたパン。
フランス風に朝食で楽しむのはいかが?

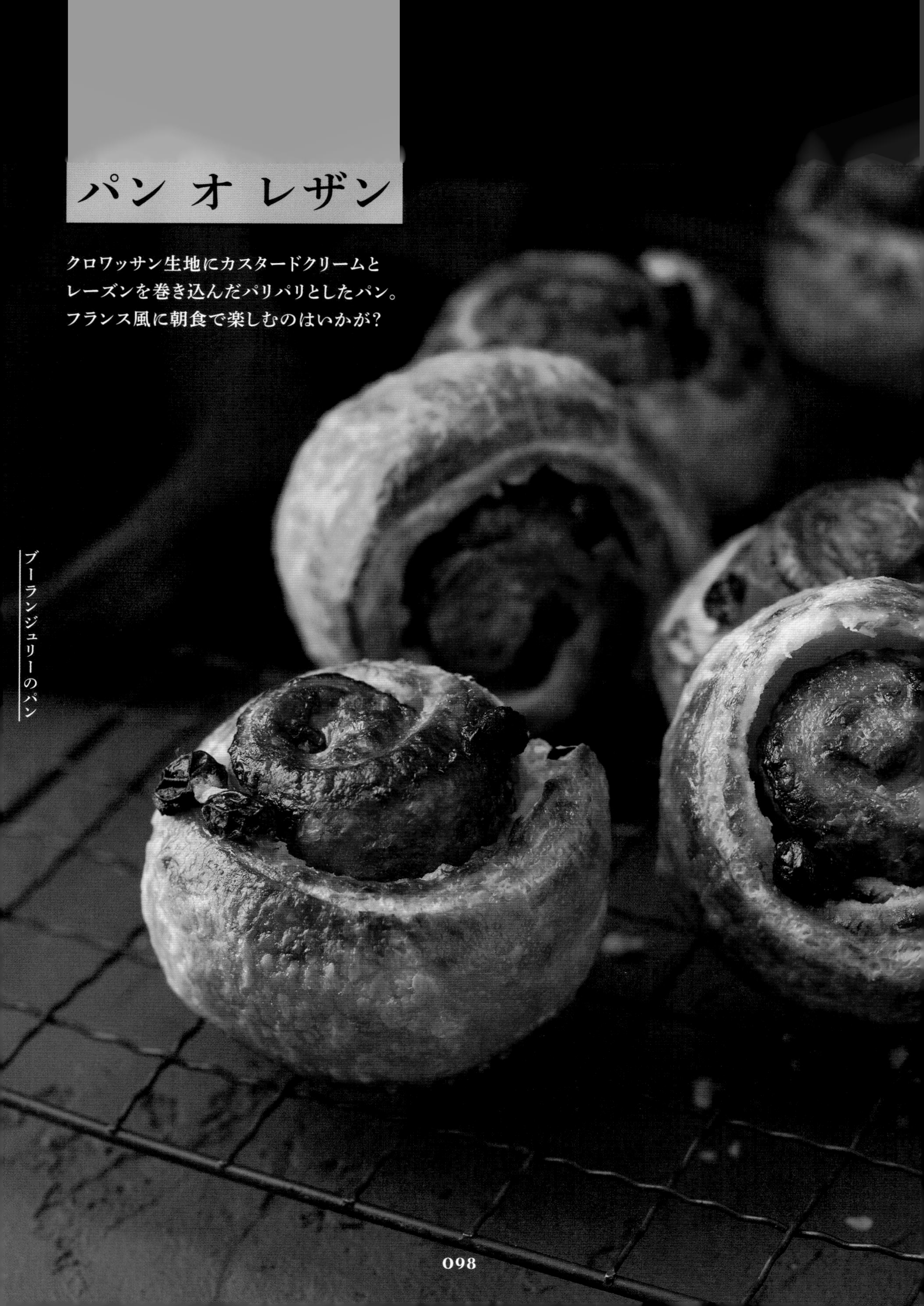

パン オ レザン

【材料】（6個分）

※ P.92「クロワッサン」と同じ

● **カスタードクリーム**

卵黄	1個
砂糖	30g
コーンスターチ	10g
牛乳	125g
ドライレーズン	50g

【下準備】

◎ カスタードクリームを作る（P.131参照）。冷めたらホイッパーでやわらかくしておく。

◎ レーズンは水に10分漬けて水切りする。

【作り方】 ※ P.92～94「クロワッサン」**1**～**18**まで進める。

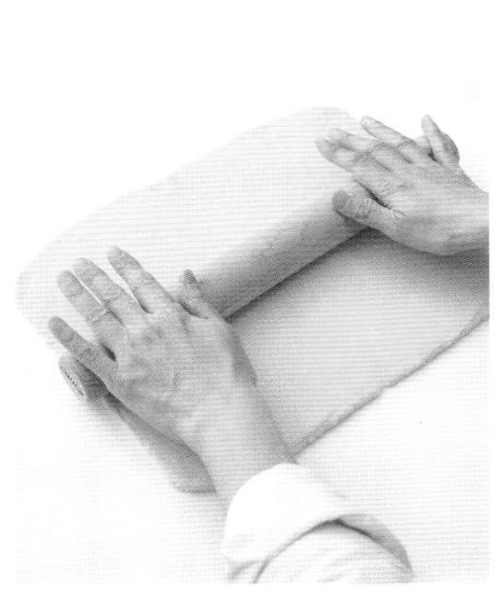

1. めん棒で25×35cmに伸ばし、冷蔵庫で20～30分休ませる。

2. 手前を切り落とし、向こう側1cmを薄く伸ばす。薄くした部分に卵（分量外）を塗る。

3. カスタードクリームを広げ、レーズンを散らす。

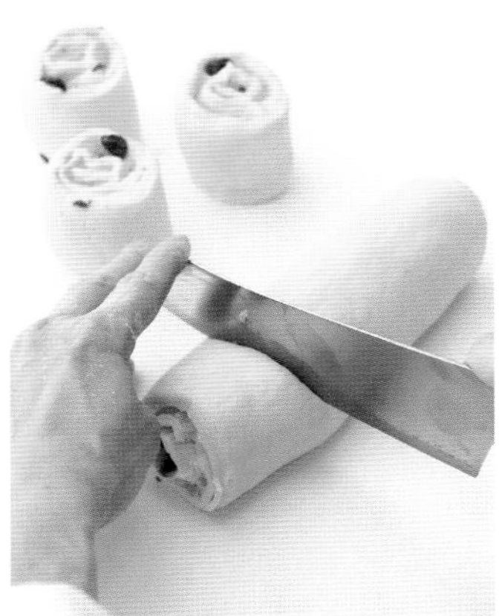

4. 手前から巻き、6等分にカットする。

5. カットした面を上にしてアルミカップ（10号）にのせ、18～28℃で60～150分発酵させる。オーブンを190℃に予熱する。

6. 生地の厚さが2倍になったら、卵（分量外）を塗る。190℃のオーブンで18～20分焼成する。

ショーソン オ ポム

「ショーソン」とはスリッパという意味。
表面に模様をつけるときはゆるいカーブをつけて。

ショーソン オ ポム

【材料】（6個分）
※ P.92「クロワッサン」と同じ+以下

● **りんごのフィリング**
りんご（紅玉）……………… 1～2個
砂糖 ……………… 大さじ1～2

【下準備】
◎ りんごのフィリングを作る。
1. りんごは皮をむいて芯をとる。12等分にしてカットする。
2. 鍋にりんごと砂糖を入れ、角が少し煮崩れ始めるまで煮る。

【作り方】 ※ P.92～94「クロワッサン」**1～18**まで進める。

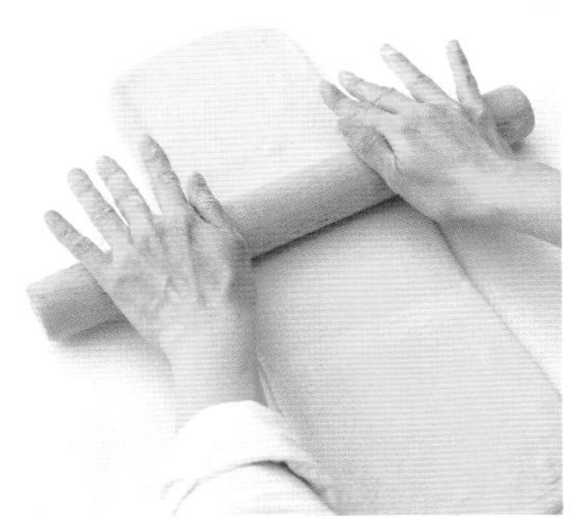

1. めん棒で15×52cmに伸ばし、冷蔵庫で20～30分休ませる。

2. 4辺を切り落とし、1枚15×10cmに5枚カットする。各々四つの角を三角に切り落とす。

3. 生地の周りに卵（分量外）を塗り、中心より下にりんごのフィリングをおく。

4. 上の生地が少し飛び出るように二つ折りにし、卵（分量外）を塗る。

5. 切り込みを入れ、アルミカップ（10号）にのせる。18～28℃で60～150分発酵させる。オーブンを190℃に予熱する。

6. 生地の厚さが2倍になったら、180℃のオーブンで15～18分焼成する。

デニッシュ

6種類の成形をご紹介。作るときは1～3種類にしてくださいね。

【材料】（6個分）

※ P.92「クロワッサン」と同じ+以下

● **カスタードクリーム**（作りやすい分量）

卵黄	1個
砂糖	30g
コーンスターチ	10g
牛乳	100g

● **クレーム ダマンド**（作りやすい分量）

バター	25g
砂糖	25g
卵	25g
薄力粉	5g
アーモンドプードル	25g

いちご、ブルーベリー、パイナップル、
アプリコット、ダークチェリー、
栗の甘露煮、マロンクリーム
ウインナー
アプリコットジャム

【下準備】

◎ カスタードクリームを作り（P.131参照）、冷めたらホイッパーでやわらかくして絞り袋に入れておく。

◎ クレームダマンドを作る。

1. 室温に戻したバターと砂糖をボウルに入れ、白っぽくなるまでミキサーにかける。

2. 卵を数回に分けて加え、そのつどよく混ぜる。

3. ふるった薄力粉とアーモンドプードルを加え、ざっくり混ぜ合わせる。

◎ アプリコテを作る。

1. アプリコットジャムに少量の熱湯を混ぜてやわらかくする。

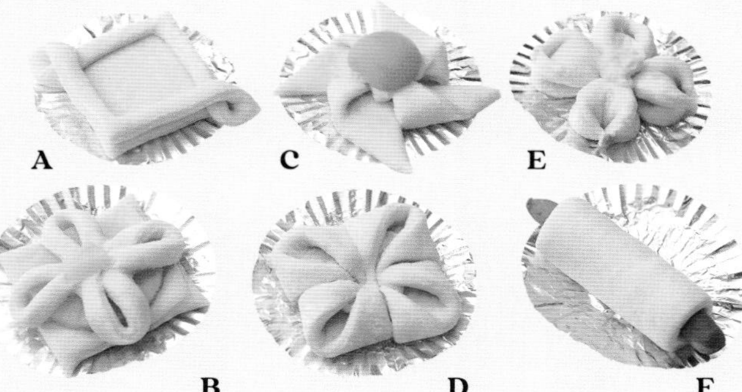

【作り方】
※ P.92～94「クロワッサン」**1**～**18**まで進める。

1. めん棒で32×22cmに伸ばし、冷蔵庫で20～30分休ませる。
2. 4辺を切り落とし、1枚10×10cmに6枚カットする。
3. 成形をする
A ① 三角に折り、輪になっていない両サイドを幅1cmにカットする。直角の部分は切り落とさない。
② 生地を開き、カットした生地を交差させて反対側におき、アルミカップ（10号）にのせる。
B ① 三角に折り、輪になっていない両サイドを幅1cmで中心近くまでカットする。生地を広げ、別方向に三角に折って同様にする。
② 生地を広げ、中心にカスタードとパイナップル（1cmカットして小さくする）をおく。
③ カットした生地を中心に向けて折り、中心をしっかり押さえる。
④ 残した1cmのパイナップルを中心におき、アルミカップ（10号）にのせる。
C ① 4隅から中心向かって3cm切り込みを入れる。
② 片方の角を中心に折り、中心を軽く押さえる。
③ 卵（分量外）を塗り、カスタードクリームを絞る。アプリコットをのせる。
D ① 4隅から中心向かって3cm切り込みを入れる。
② 中心にカスタードクリームとクレームダマンドをのせる。
③ それぞれのカットした生地の両端を中心に向けて折り、つまみ、ダークチェリーをのせる。
E ① 辺の真ん中から中心に向かって3cm切り込みを入れる。
② 4隅を中心に二つ折りし、軽く押さえる。
③ 折った生地の両端を外側に向けて合わせ、つまむ。
④ 中心にカスタードクリームをのせる。
F ① 生地の奥1cmに卵（分量外）を塗り、中心よりやや上にウィンナーをおく。
② 手前から巻き、巻き終わりを下にする。
6. 18～28℃で60～150分発酵させる。オーブンを200℃で予熱する。
7. 生地の厚さが2倍になったら、卵（分量外）を塗る。200℃のオーブンで10分、180℃に下げて5分焼成する。
8. 仕上げる
A ① カスタードクリームを絞り、いちごとブルーベリーをのせる。
② アプリコテをする。
B アプリコテをする。
C アプリコテをする。
D アプリコテをする。
E ①カスタードクリームとマロンクリームを混ぜ合わせ、星口金をつけた絞り袋に入れる。
②中心から①を絞り、栗の甘露煮を上にのせる。

A. いちごとブルーベリー

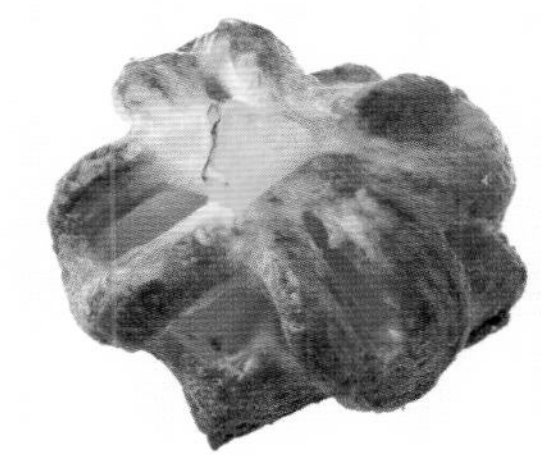
B. パイナップル

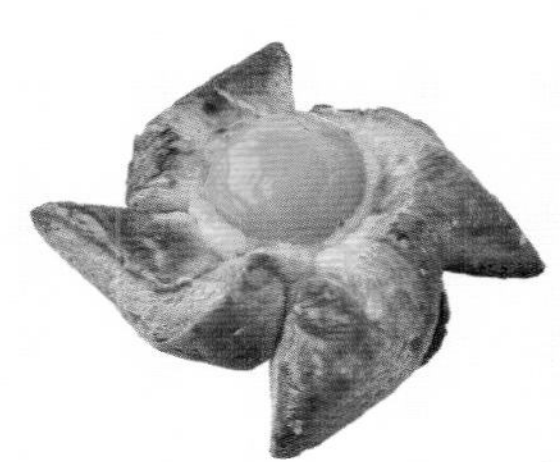
C. アプリコット

D. ダークチェリー

E. 栗

F. ウィンナーロール

ブリオッシュ

卵とバターがたっぷりなリッチなパン。
形によって、名前が違います。

ブリオッシュ ア テッド

上はサクッと、下はしっとり。2つの食感の違いを感じて。

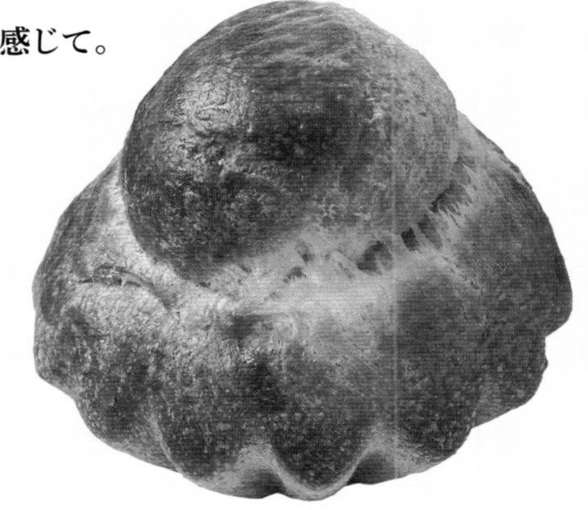

【材料】（7×底3×3cmのブリオッシュ型8個分）

イーグル	120g
発酵生地	55g
インスタントドライイースト	2.5g
砂糖	20g
塩	2g
卵	80g
バター	100g

【下準備】

◎ ブリオッシュ型にバターを塗る。

【作り方】 ※ P.12～13ストレート法の「ミキシング」**1～7・11**（バターは2回に分けて入れる）まで進め、冷蔵庫に1時間入れる。

1. 1個47gに8分割してしっかり丸める。ラップをかけ、10分休ませる。

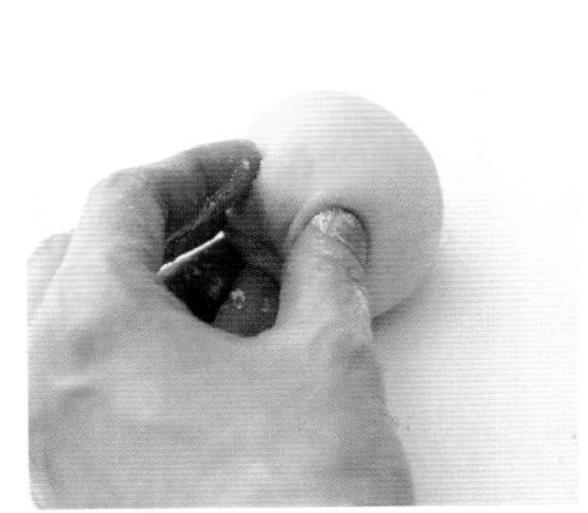

2. とじ目をしっかり持ちながら、横にして生地をおく。

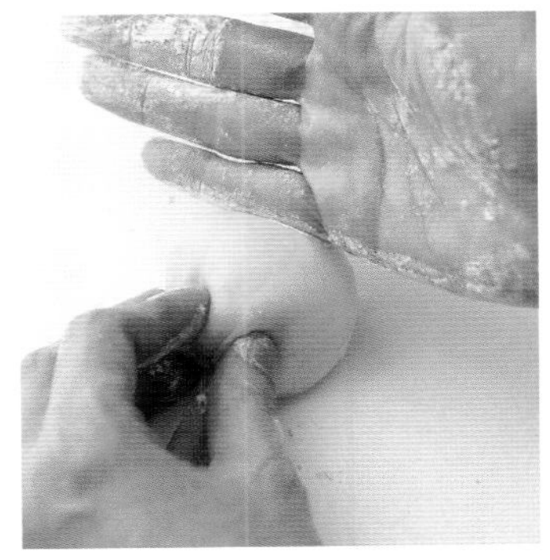

3. 利き手の小指側に打ち粉をつけ、1/3の部分に手を添える。

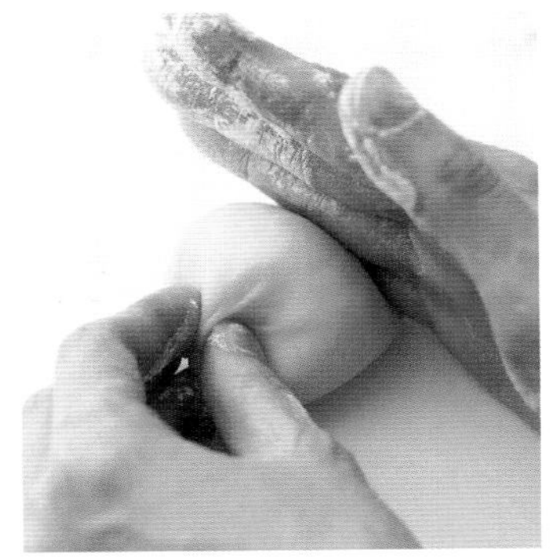

4. 手と生地を同じ方向に転がし、くぼみを作る。

5. とじ目を下にして型に入れ、指を釣り針のような形にして外側の生地を持ち上げる（横から見て頭が5mmくらい出る）。35℃で35分発酵させる。オーブンを180℃で予熱する。

6. 卵（分量外）を塗り、170℃のオーブンで15分焼成する。

ブリオッシュ ナンテール

**パリ近くのナンテールで誕生したブリオッシュ。
パテによく合います。**

【材料】（8×18×6cmのパウンド型1台分）
P.105「ブリオッシュ ア テッド」と同じ

【下準備】
◎ パウンド型にバター（分量外）を塗る。

【作り方】 ※ P.12～13ストレート法の「ミキシング」**1～7・11**（バターは2回に分けて入れる）まで進め、冷蔵庫に1時間入れる。

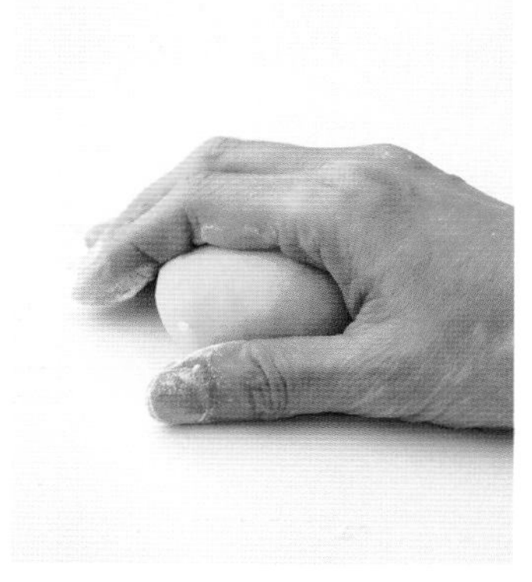

1. 1個47gに8分割してしっかり丸める。ラップをかけ、10分休ませる。

2. しっかり丸め直す。中心に4個入れる。

3. 手で生地をおさえながら端に2個ずつ入れる。35℃で35分発酵させる。オーブンを180℃で予熱する。

4. 卵（分量外）を塗り、170℃のオーブンで23分焼成する。

フォンダンショコラ風ブリオッシュ ショコラ

フォンダンショコラのようなパンを食べたい。そんな思いから誕生したレシピです。

【材料】（7×3㎝のマフィン型6個分）

イーグル……150g
ココア……15g
インスタントドライイースト……3g
砂糖……20g
塩……2.7g
卵……100g
バター……50g

● **ガナッシュ**
チョコレート……55g
生クリーム（乳脂肪分35％）……30g

【下準備】 ◎ ガナッシュを作る。

1. 生クリームを沸騰直前まで温め、細かくカットしたチョコレートを入れる。

2. しばらくおき、ホイッパーで中心から混ぜる。つやが出たらバットに移す。

3. 固まったら、6等分にカットする。

◎ マフィン型にグラシン（8号）を敷く。なければバター（分量外）を塗る。

【作り方】 ◎ P.12～13ストレート法の「ミキシング」**1～7**（バターは2回に分けて入れる）・**11**まで進め、28℃～30℃で60分発酵させる。

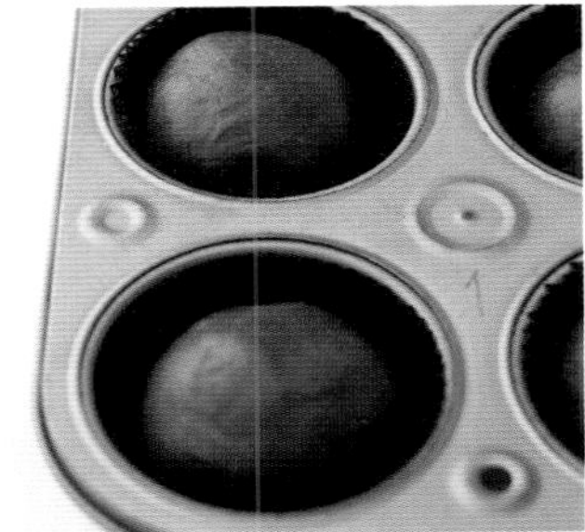

1. 1.5倍に発酵したらガスを抜き、1個55gに6分割してゆるく丸める。ラップをかけ、10分休ませる。

2. とじ目を上にして生地を広げ、ガナッシュをのせて包む。

3. とじ目を下にしてマフィン型に入れ、35℃で35分発酵させる。オーブンを180℃で予熱する。180℃のオーブンで12分、160℃に下げて5分焼成する。

ブリオッシュ オランジュ

煮詰めたオレンジジュースでオレンジ風味をアップ！

【材料】（6.5×4.5cm マフィン型6個分）

リスドォル	175g
発酵生地	35g
インスタントドライイースト	3g
砂糖	12g
ハチミツ	8g
塩	3g
卵	55g
オレンジジュース	30g
バター	65g
オレンジピール	65g

【下準備】

◎ オレンジジュースは60gを30gまで煮詰めておく。

【作り方】 ※P.12 ～13ストレート法の「ミキシング」**1**～**7**（バターは2 回に分けて入れる）まで進める。

1. 生地を広げ、オレンジピールの3/4を生地の半分に広げる。具がのっていない生地をはがして被せる。

2. 残りのオレンジピールを生地の半分にのせ、具がのっていない生地をはがして被せる。

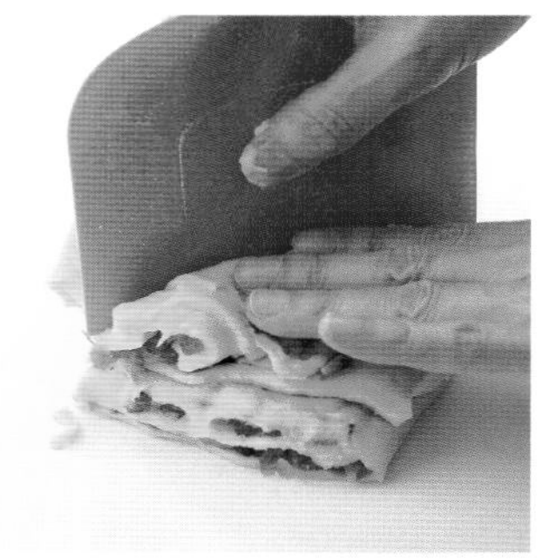

3. カードで生地をカットして重ねるを数回繰り返し、材料を混ぜ込む。丸めて、冷蔵庫に1時間おく。

4. 1.5倍に発酵したら、1個75gに6分割してゆるく丸める。ラップをかけ、10分休ませる。

5. 丸め直し、とじ目を下にしてマフィンカップに入れる。35℃で60分発酵させる。オーブンを180℃で予熱する。

6. 卵（分量外）を塗り、180℃のオーブンで10分、170℃に下げて10分焼成する。

シュトレン

まるで具を食べているようなシュトレン。
時間をおくとフルーツやナッツが
馴染んでいき食べるたびに
風味が変わっていきます。

シュトレン

【材料】（18㎝1本分）

● 中種

イーグル……35g
ハチミツ……8g
インスタントドライイースト……2g
牛乳……35g

● ホイップバター

バター……45g
グラニュー糖……25～30g
塩……1g

● 本ごね

イーグル……55g
ココア……8g
インスタントドライイースト……1g
中種……全量
ホイップバター……全量
フルーツとナッツのアルコール漬け……160g
チョコレート（マンジャリ）40g

バター……20g
粉糖……適量

● フルーツとナッツのアルコール漬け

（作りやすい分量）

ドライアプリコット……30g
ドライフィグ……30g
ドライサルタナレーズン…60g
オレンジピール……20g
ドライチェリー……10g
クルミ……40g
アーモンド……40g
赤ワイン……35g
ブランデー……35g

【下準備】

◎ バター45gは室温に戻す。
◎ フルーツとナッツのアルコール漬けを作る（1カ月前から）。

1. ナッツ類は160℃のオーブンで10分ローストする。アプリコットとフィグは1.5㎝角にカットする。
2. すべての材料をビニール袋に入れ、空気が入らないように密閉する。
3. 平らにし、2週間は毎日1回上下を入れ替えて漬け込む。使用する時はざるにあげて、水分を除いて計量する。

◎ チョコレートは1.5㎝にカットする。
◎ バター20gは溶かしておく。

【作り方】

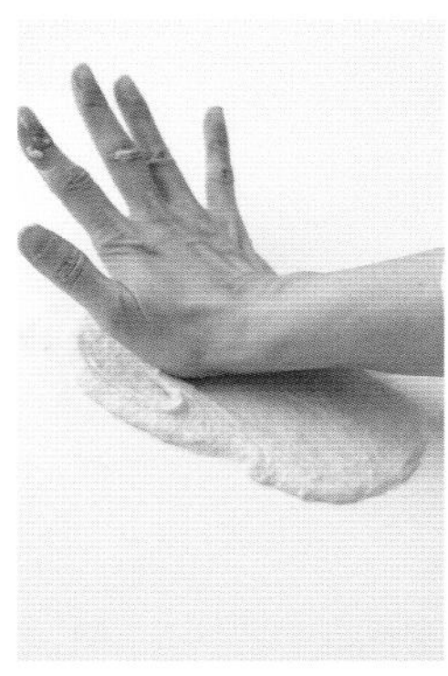

1. 中種の材料を混ぜ、少しグルテンが出るまで台に擦り付ける。28℃～30℃で30分発酵させる。

2. ホイップバターの材料をボウルに入れ、バターの色が白っぽくなるまでハンドミキサーをかける。使う直前まで冷蔵庫に入れておく。

3. 本ごねを具以外を台に擦り付けるように混ぜる。

4. 全体に混ざって少し弾力が出たら、100gと残りに分割する。

5. 残りの生地にフルーツとナッツのアルコール漬けとカットしたチョコレートを混ぜ合わせる。

6. 生地をそれぞれ丸め、厚さ1.5cmくらいにし、冷蔵庫に30分おく。

7. オーブンを190℃で予熱する。具の入った生地を二つに折り、高さ4.5×横16×上底2.5×下底4cmにする。

8. たっぷり打ち粉をした100gの生地を13×17cmに伸ばす。打ち粉が多くついている時はブラシで払う。

9. 手前1cmに**7**の底が自分の方に向くようにおき、カードで生地をはがしながら巻く。

10. 巻き終わりを下にして、両サイドは生地を伸ばしながらとじる。

11. 底は包んだ生地に隙間がある状態にする。

12. 軽く手で押さえ、オーブンシートにのせる。冷蔵庫で10分休ませる。180℃のオーブンで30分焼成する。

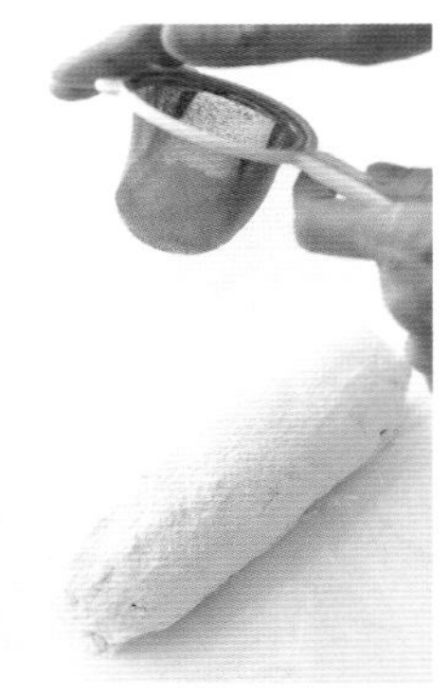

13. 一度オーブンから出し、生地が直接天板に触れないよう(網に移すまたはオーブンシートと天板の間に段ボールを入れるなど)にし、さらに10分焼成する。

14. 150℃に下げ20分焼成する。焼き上がったらすぐに、溶かしバターを刷毛でたっぷり叩く。

15. 冷蔵庫または冷凍庫で休ませ、完全に冷めたらたっぷりと粉糖をふるう。

パン デ ロワ

ブリオッシュ生地で作るキリスト教の新年の行事、
公現祭で食べられる発酵菓子。

ジャムパン

お好きなジャムのほか、チョコレートクリーム・ピーナッツクリームでも。

【材料】（6個分）

イーグル……160g
インスタントドライイースト……3g
砂糖……18g
スキムミルク……8g
塩……2.8g
水……80g
卵……25g
バター……20g
お好みのジャム……100g
コーンスターチ……15g

a

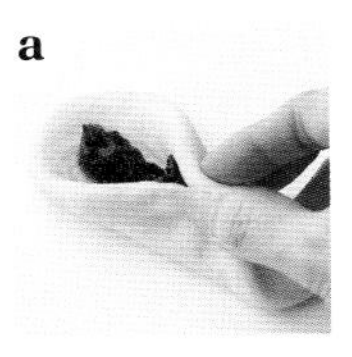

b

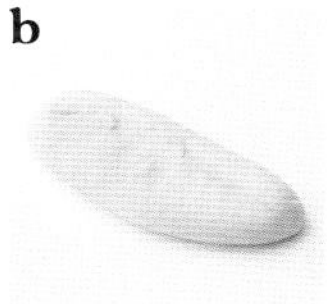

c

d

【下準備】

◎ ジャムを作る。
鍋にジャム半量とコーンスターチを入れダマにならないようにゴムベラでしっかり混ぜる。残りのジャムを加え弱火にかける。混ぜながら粘り気が出るまで炊き、火からおろして冷ます。

【作り方】

※ P.131「クリームパン」**1**〜**6**まで進め、生地を丸めて28℃〜30℃で40分発酵させる。

1. 2倍に発酵したらガスを抜き、1個50gに6分割してゆるく丸める。ラップをかけ、10分休ませる。
2. めん棒で伸ばし、ジャムを縦長にのせ二つ折りにする（**a**）。
3. 合わせ目をしっかりとじ、とじ目を上にしてつぶし、木の葉の形にする（**b**）。残りも同様にする。
4. めん棒で20×7cmに伸ばし、中心に3〜5本切り込みを入れる。
5. 手前から斜めに巻き、左側を中心に半時計周りに生地を1周させる（**c**）。
6. 右側の生地を左側の生地に少し重ね、下から上に生地を通しアルミカップ（8号）にのせる。35℃で30分発酵させる。オーブンを180℃で予熱する。
7. 刷毛で卵（分量外）を塗り（**d**）、180℃のオーブンで10分焼成する。

メロンパン

作った人だけが楽しめる、
パリッパリのメロン模様のクッキー生地!!

メロンパン

【材料】（6個分）

イーグル	160g
インスタントドライイースト	3g
砂糖	18g
塩	2.8g
スキムミルク	8g
水	80g
卵	25g
バター	20g

● クッキー生地

バター	25g
砂糖	45g
卵	25g
薄力粉	85g
レモン汁	4g
レモンのすりおろし	1/2個分

グラニュー糖	適量

【下準備】 ◎ クッキー生地を作る。

1. 室温に戻したバターをボウルに入れ、ミキサーで柔らかくする。砂糖を加えてよく混ぜる。

2. 卵を数回に分けて入れ、そのつどよく混ぜる。

3. ふるっておいた粉を2回に分けて加え、ゴムべらでそのつどよく混ぜる。

4. レモン汁とレモンのすりおろしを加え、ざっくり混ぜる。

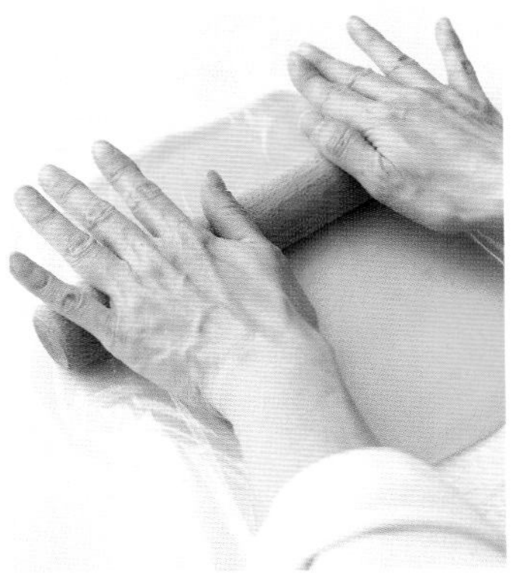

5. ラップに移し、平らにする。冷蔵庫で3時間休ませる。

6. めん棒で薄く伸ばし、8cmのセルクルで6枚くり抜く。ラップにのせ、使う直前まで冷蔵庫または冷凍庫に入れておく。

【作り方】 ※ P.131「クリームパン」1～6まで進め、生地を丸めて28℃～30℃で40分発酵させる。

1. 2倍に発酵したらガスを抜き、1個50gに6分割してきつく丸める。ラップをかけ、10分休ませる。

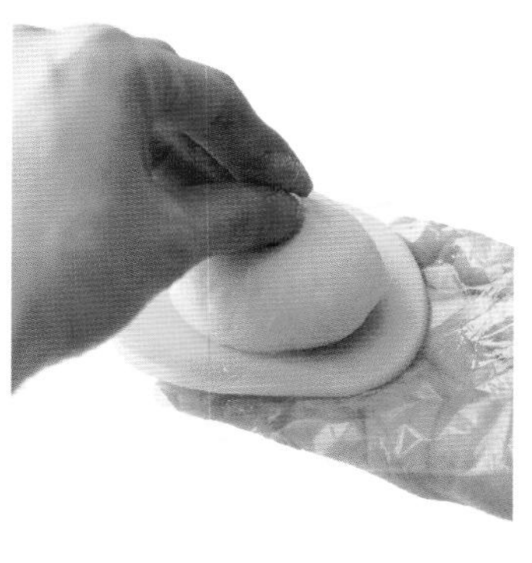

2. 生地を丸め直し、上にクッキー生地をのせる。

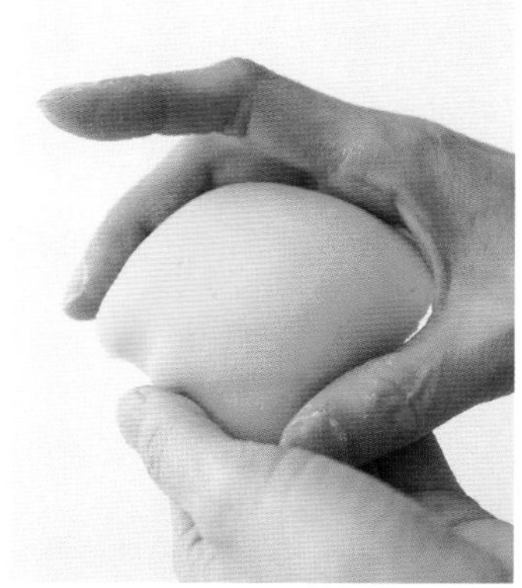

3. 生地に軽く添わせる。

4. クッキー生地にグラニュー糖をつける。

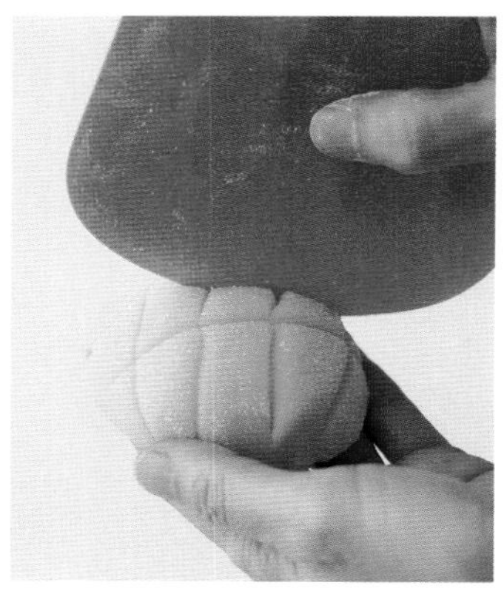

5. カードの丸い部分で模様を入れる。

6. 28℃で40分発酵させる。オーブンを170℃で予熱する。170℃のオーブンで10分、150℃に下げてさらに10分焼成する。

Point

セルクルがない場合

丸い型紙をあててハサミでカットしてもよい。

スイートブール

ふわふわのパン生地に甘い生地をのせて、おやつにぴったりなパン。

【材料】（6個分）

- イーグル …… 160g
- インスタントドライイースト …… 3g
- 砂糖 …… 18g
- 塩 …… 2.8g
- スキムミルク …… 8g
- 水 …… 80g
- 卵 …… 25g
- バター …… 20g

● **フィリング**

- バター …… 30g
- 砂糖 …… 20g
- 卵 …… 30g
- 薄力粉 …… 35g

【下準備】

◎ フィリングを作る。
室温に戻したバターをボウルに入れ、ミキサーで柔らかくし、砂糖を加え白っぽくなるまで混ぜる。卵を数回に分けて加え、そのつど手早くよく混ぜる。ふるっておいた粉を加えゴムべらでよく混ぜ、絞り袋に入れる。使用する5分前まで冷蔵庫に入れておく。

【作り方】

※ P.131「クリームパン」**1**～**6**まで進め、生地を丸めて28℃～30℃で40分発酵させる。

1. 2倍に発酵したらガスを抜き、1個50gに6分割してゆるく丸める。ラップをかけ、10分休ませる。
2. しっかり丸め直し、アルミカップ（10号）にのせて手のひらで軽く押さえる。
3. 35℃で30分発酵させる。オーブンを180℃で予熱する。
4. 絞り袋に入れたフィリングを中心から円を描くように絞り、180℃のオーブンで15分焼成する。

ショコラブール（6個分）

● **チョコレートのフィリング**

- バター …… 30g
- 砂糖 …… 20g
- 卵 …… 30g
- 薄力粉 …… 30g
- ココア …… 5g

チョコチップ …… 10g

◎作り方はスイートブールと同じ。フィリングを絞ったあと、チョコチップを散らす。

チーズケーキブール（6個分）

● **チーズのフィリング**

- バター …… 25g
- クリームチーズ …… 100g
- 砂糖 …… 40g
- 卵黄 …… 2個
- レモン汁 …… 小さじ2
- 薄力粉 …… 15g

◎作り方はスイートブールと同じ。チーズのフィリングのレモン汁は卵のあとに入れる。

アップルクラウン

アイシングを作るときは水をちょっとずつ入れて。パンにかけるときはたっぷりと!

【材料】（15㎝のエンゼル型1台）

イーグル……160g
インスタントドライイースト……3g
砂糖……18g
塩……2.8g
スキムミルク……8g
水……80g
卵……25g
バター……20g

● りんごのフィリング
りんご…1/2〜2/3個
砂糖……20g
レモン汁……少々

● アイシング
粉糖……大さじ2
水……少々

【下準備】

◎ 15㎝のエンゼル型にバター（分量外）を塗る。

◎ りんごのフィリングを作る。りんごは皮をむき、8等分の大きさにカットし、それぞれを5㎜厚のいちょう切りにする。フライパンにりんご、砂糖、レモン汁を入れる。中火にかけ、少し透明になって柔らかくなるまで煮る。

◎ アイシングを作る。容器に粉糖を入れ、少量ずつ水を加えてそのつどよく混ぜる。スプーンで持ち上げてゆっくり垂れてくるようになればでき上がり。

【作り方】

※ P.131「クリームパン」**1**〜**6**まで進め、生地を丸めて28℃〜30℃で40分発酵させる。

1. 2倍に発酵したらガスを抜く。手前からゆるく巻き、90度回転させ、巻き終わりを上にして俵型にする。ラップをかけて15分休ませる。
2. めん棒で20×30㎝に伸ばし、奥1㎝を残してフィリングを散らす（**a**）。
3. 手前から生地を折るように巻き、巻き終わりをとじる。端をつまみながら6等分にカットする（**b**）。
4. 生地の片側をとじ、とじ目を下にして型に入れる。35℃で20分発酵させる。オーブンを180℃で予熱する。
5. 刷毛で卵（分量外）を塗り、180℃のオーブンで15分焼成する。
6. 焼き上がったら型から出し、完全に冷めたらアイシングをする。

a

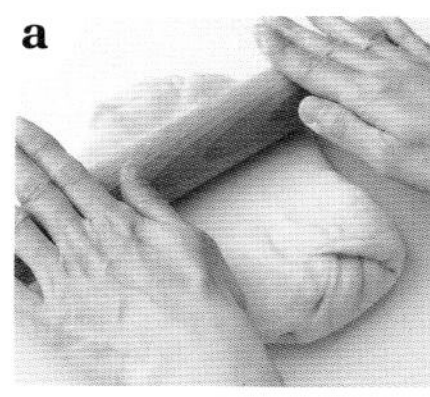

b

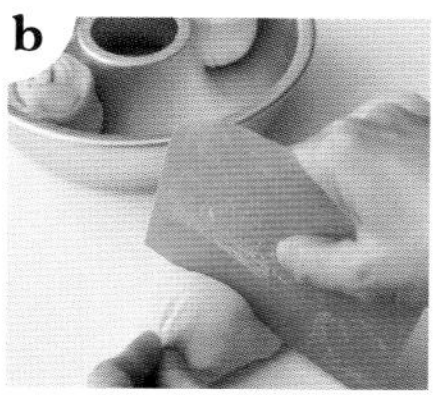

季節のフルーツのカスタードパン

春はいちご、夏はプラム、秋は巨峰、冬はキウイフルーツ。季節のフルーツをパンと一緒に。

【材料】（6個分）

イーグル……160g
インスタントドライイースト……3g
砂糖……18g
塩……2.8g
スキムミルク……8g
水……80g
卵……25g
バター……20g

● **カスタードクリーム**

卵黄……1個
砂糖……23g
コーンスターチ……9g
牛乳……100g

いちご、巨峰、プラムなどのフルーツ

【下準備】

◎ カスタードクリームを作る（P.131参照）。
◎ フルーツ（種があるものは除く）は半分にカットする。

【作り方】

※ P.131「クリームパン」**1**～**6**まで進め、生地を丸めて28℃～30℃で40分発酵させる。

1. 2倍に発酵したらガスを抜き、1個50gに6分割してゆるく丸める。ラップをかけ、10分休ませる。
2. めん棒で10㎝の円形に伸ばし、アルミカップ（8号）にのせる（**a**）。
3. 35℃で30分発酵させる。オーブンを180℃で予熱する。
4. 生地の周りを刷毛で卵（分量外）を塗り、端から1㎝内側に数カ所ナイフで切り込みを入れる（**b**）。
5. 中心にカスタードクリームとフルーツをのせ、180℃のオーブンで10分焼成する。

a

b

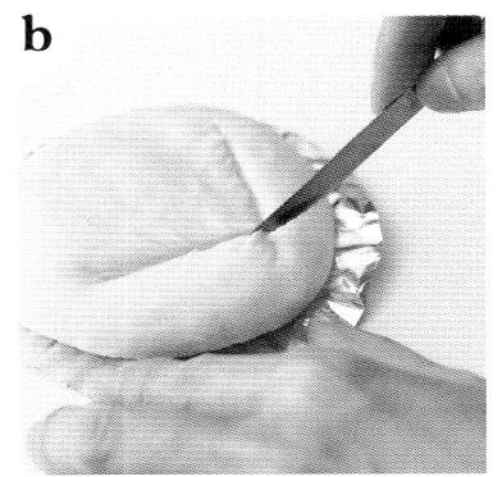

あんフランス

バゲットの生地にあんこを包んで。

【材料】（6個分）

リスドォル	200g
インスタントドライイースト	3g
砂糖	5g
塩	4g
水	120g
あんこ	300g
黒ごま	適量

【作り方】

※ P.131「クリームパン」**1**〜**4**まで進め、28℃〜30℃で40分発酵させる。

1. 1.8倍に発酵したらガスを抜き、1個55gに6分割してゆるく丸める。ラップをかけ、10分休ませる。
2. とじ目を上にして生地を広げる。あんこをのせて包む（**a**）。
3. 手のひらで軽く押さえる（**b**）。
4. 35℃で30分発酵させる。オーブンを190℃で予熱する。
5. 水をつけためん棒に黒ごまをつけ、生地に軽く押しあてる（**c**）。
6. 生地の上にオーブンシートと天板をのせ（**d**）、190℃のオーブンで15分焼成する。

a

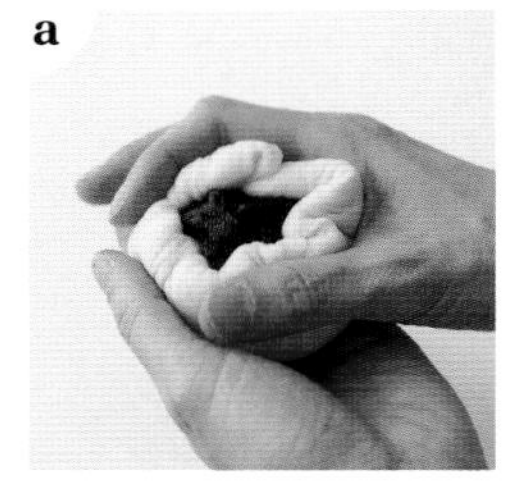

b

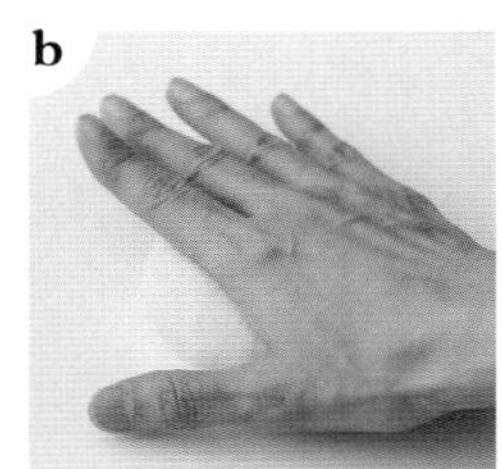

c

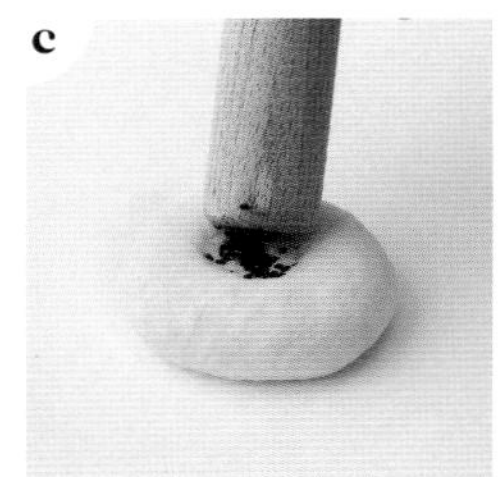

d

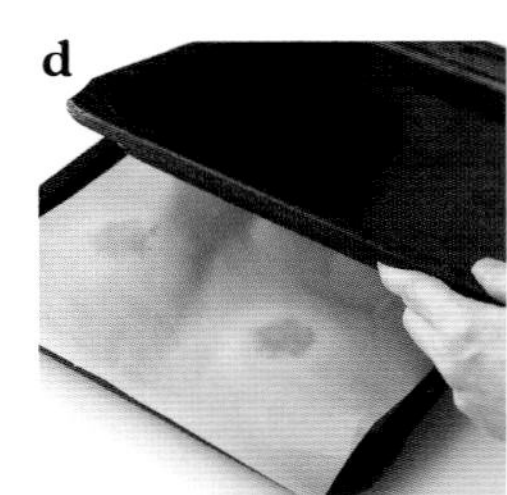

アールグレイのミルクフランス

保存は冷蔵庫、食べるときはミルククリームを少し室温に戻してから。

【材料】（4本分）

リスドォル ………… 160g
インスタントドライイースト ………… 3g
アールグレイの茶葉（細かく粉砕したもの）… 3g
砂糖 ………… 5g
塩 ………… 2.5g
牛乳 ………… 100g
オリーブオイル ………… 10g

● アールグレイのミルククリーム
- バター ………… 45g
- 粉糖 ………… 15g
- コンデンスミルク ………… 30g
- アールグレイの茶葉（細かく粉砕したもの） ………… 1.5g

【下準備】 ◎ アールグレイのミルククリームを作る。

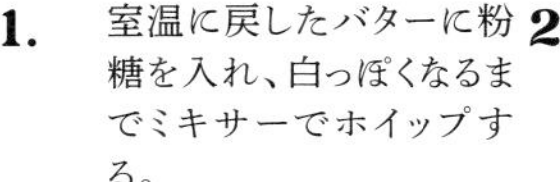

1. 室温に戻したバターに粉糖を入れ、白っぽくなるまでミキサーでホイップする。

2. コンデンスミルクを少しずつ入れて混ぜ合わせる。茶葉を加え、ざっくり混ぜたら絞り袋に入れ、使用する5分前まで冷蔵庫に入れておく。

【作り方】 ※ P.131「クリームパン」**1**〜**4**まで進め、生地を丸めて28℃〜30℃で40分発酵させる。

1. 2倍に発酵したらガスを抜き、1個70gに4分割する。俵型にしてラップをかけ、10分休ませる。

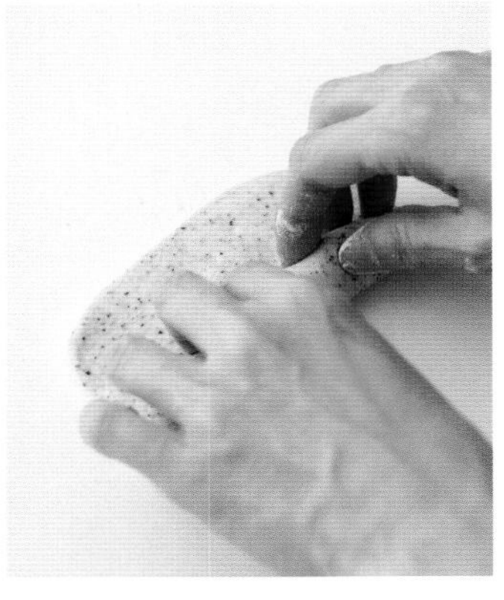

2. めん棒で10×12㎝に伸ばし、手前から巻く。

3. 巻き終わりをとじる。残りを同様にする。

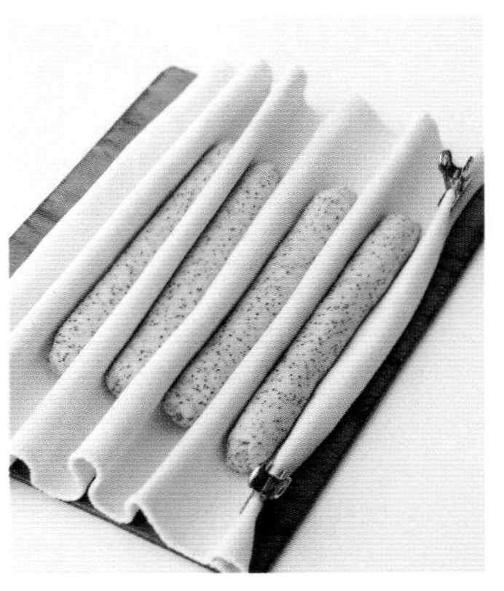

4. 両手で転がして18㎝に伸ばし、とじ目を下にしてキャンバス地にのせる。

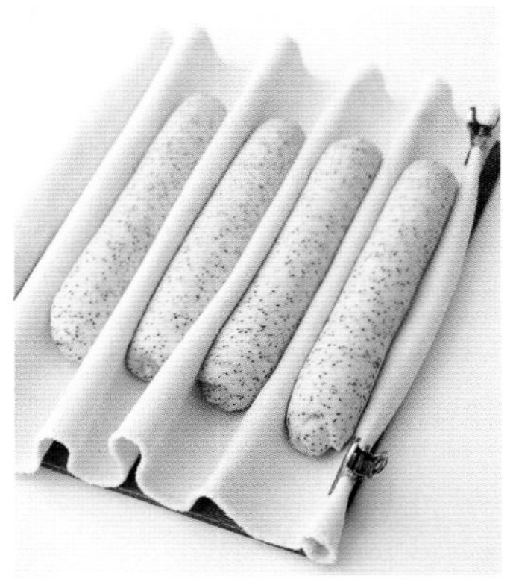

5. 35℃で25分発酵させる。オーブンを180℃で予熱する。オーブンシートに移し、180℃のオーブンで10分焼成する。

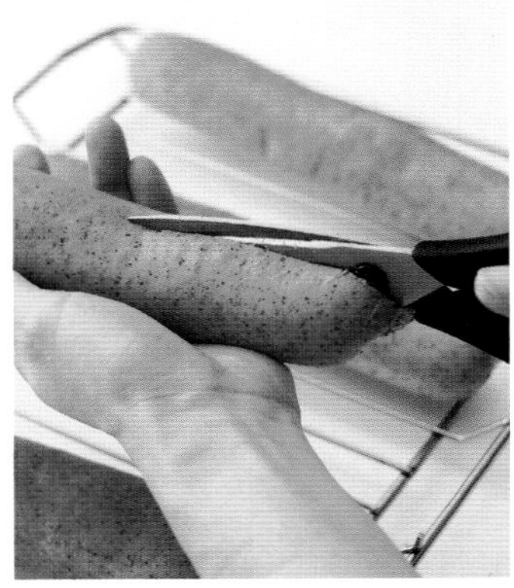

6. 粗熱がとれたら、ハサミでカットする。

7. アールグレイのミルククリームを絞り入れる。

シュガーバターレーズンパン

誰が作ってもカパっとクープが開くのが嬉しい。

シュガーバターレーズンパン

【材料】（4個分）

イーグル	180g	卵	50g
インスタントドライイースト	3g	バター	16g
塩	3.6g	ドライレーズン	75g
砂糖	18g	焼成用バター	16g
水	65g	焼成用グラニュー糖	適量

【下準備】

◎ レーズンは水に10分漬けて水切りする。焼成用のバターは4本のスティック状にする。

【作り方】　※ P.131「クリームパン」**1**～**6**まで進め、丸めて28℃～30℃で40分発酵させる。

1. 2倍に発酵したらガスを抜き、1個100gに4分割してゆるく丸める。ラップをかけ、10分休ませる。

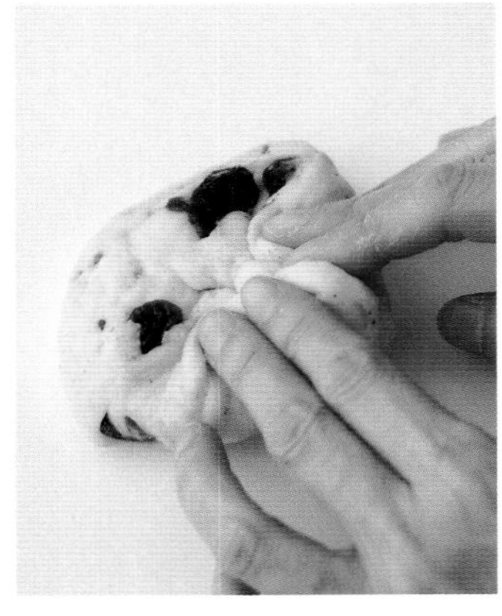

2. とじ目を上にしてガスを抜き、下部分を三角に折る。

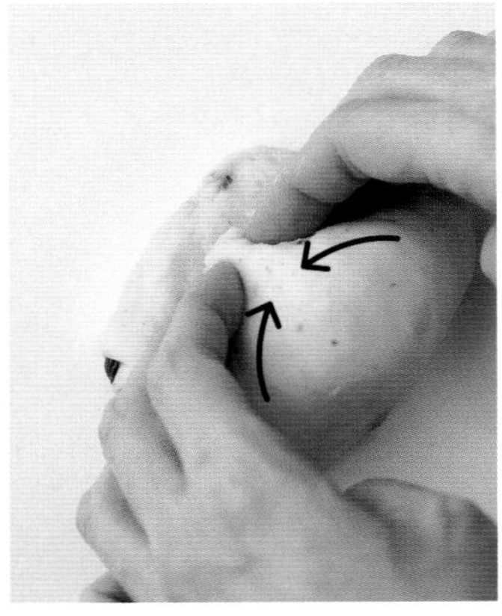

3. 三角の部分を中心に手前から巻く。

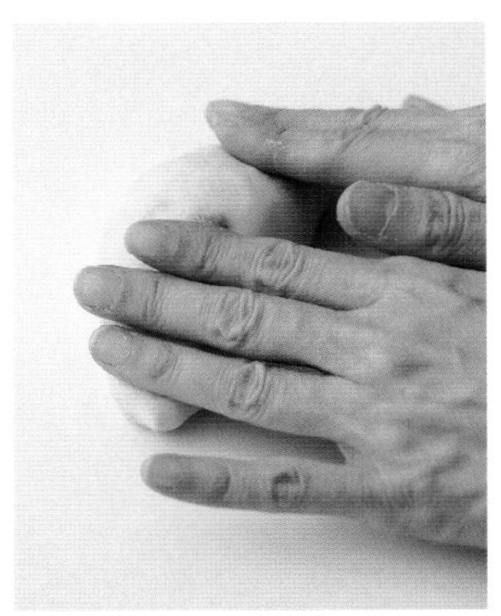

4. 巻き終わりをしっかりとじ、両手で転がして12㎝に伸ばす。35℃で30分発酵させる。オーブンを180℃で予熱する。

5. 両端1㎝を残し、クープを深めに入れる。卵を生地の表面にぬる。

6. 焼成用のバターとグラニュー糖をのせ、180℃のオーブンで10分焼成する。

揚げないカレーパン

トースターで焼き直して食べるとサクッと感倍増。
ご飯と一緒にドライカレーとして食べても美味しいフィリングです。

揚げないカレーパン

【材料】（6個分）

イーグル ……… 150g
インスタントドライイースト ……… 3g
砂糖 ……… 10g
塩 ……… 2.5g
卵 ……… 12g
水 ……… 85g
バター ……… 15g

● カレーのフィリング
- ひき肉 ……… 100g
- ジャガイモ ……… 50g
- 玉ねぎ ……… 中1/2個
- ピーマン ……… 1/2個
- バター ……… 15g
- カレールー ……… ひとかけ強くらい
- にんにく、しょうが（チューブ）……… 各2cm

● 衣
- 卵 ……… 適量
- パン粉 ……… 適量

サラダ油 ……… 大さじ2

Point

完全に冷やして成形する

煮詰める目安は、食べたときの好みのカレーの固さになるまで。フィリングは完全に冷ますと成形しやすくなります。

【下準備】 ◎ カレーのフィリングを作る。

1. 野菜類を5mm角にカットする。

2. 鍋にバター、にんにく、しょうがを入れ、ひき肉を炒める。

3. 1の野菜類を入れ、しんなりするまで炒め、ひたひたになるくらいまで水（分量外）を入れ、しばらく煮る。

4. 野菜が柔らかくなったら、カレールーを入れる。

5. とろみが出て、水気が少なくなるまで煮詰める。

6. バットに移して冷ます。

◎ パン粉は180℃～190℃のオーブンで15～20分好みの焼き色にローストする。

【作り方】　※ P.131「クリームパン」**1**〜**6**まで進め、生地を丸めて28℃〜30℃で40分発酵させる。

1. 1.8倍に発酵したらガスを抜き、1個46gに6分割してゆるく丸める。ラップをかけ、10分休ませる。

2. とじ目を上にしてめん棒でカードサイズに伸ばし、中心よりやや上にカレーのフィリングをのせる。

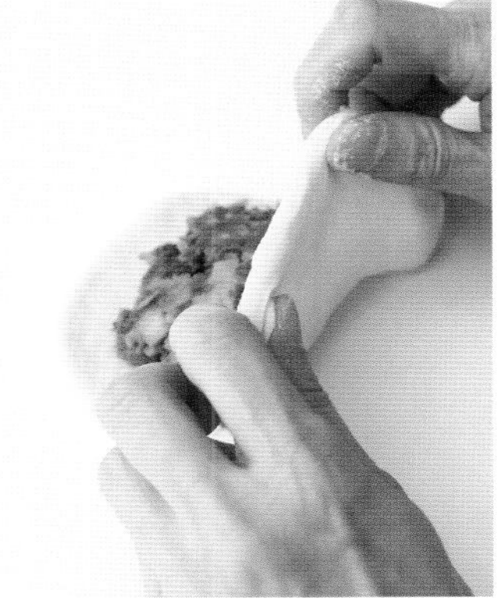

3. 手前の生地を被せる。

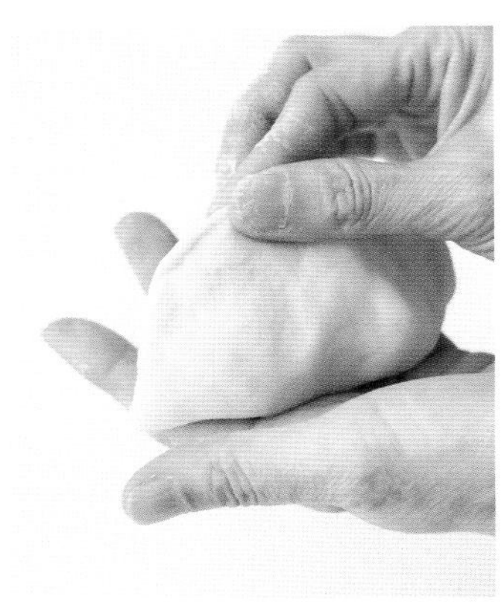

4. 合わせ目をしっかりとじる。

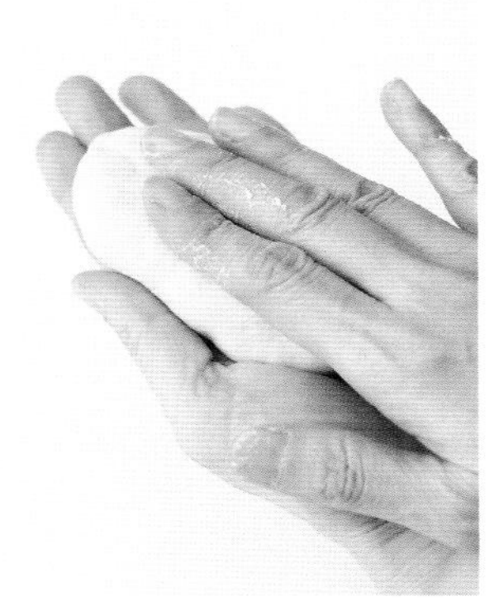

5. とじ目を上にして軽くつぶし、木の葉の形にする。残りも同様に作る。

6. 生地に卵をつける。

7. パン粉をまぶし、とじ目を下にしてオーブンシートにのせる。35℃で20分発酵させる。オーブンを180℃で予熱する。

8. サラダ油を温め、生地の上に回しかける。180℃のオーブンで10分焼成する。

ハムロール

実は切り方をちょっと変えるとハート型になるんです。
マヨネーズにツナ・コーン・卵を和えても美味しい♪

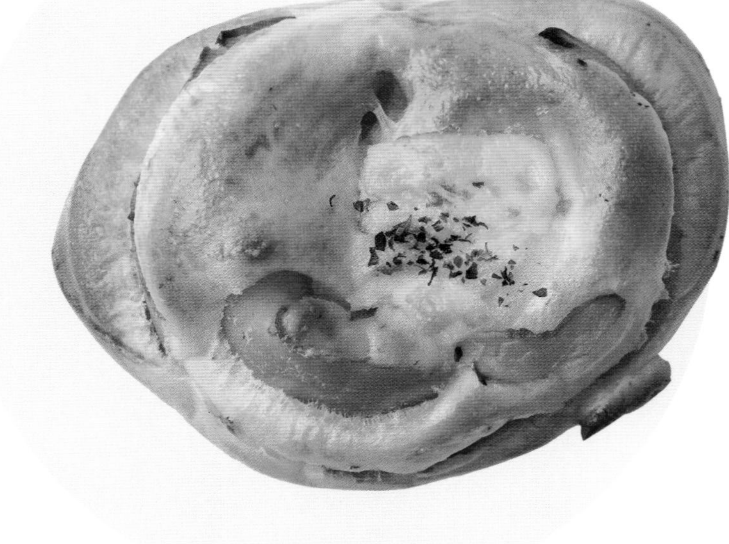

【材料】（6個分）

イーグル……160g
インスタントドライイースト……3g
砂糖……10g
塩……2.5g
水……100g
バター……20g
ハム……6枚

【作り方】

※ P.131「クリームパン」**1**〜**6**まで進め、生地を丸めて28℃〜30℃で40分発酵させる。

1. 2倍に発酵したらガスを抜き、1個48gに6分割してゆるく丸める。ラップをかけ、10分休ませる。
2. とじ目を上にして、めん棒でハムより一回り大きく伸ばす（**a**）。
3. ハムをのせ手前から巻き、巻き終わりを横にして二つ折りにする（**b**）。
4. 端を1cm弱残し、輪になっている方からカードでカットする（**c**）。生地を広げてアルミカップ（8号）にのせる（**d**）。
5. 35℃で20分発酵させる。オーブンを180℃で予熱する。
6. 卵（分量外）を塗り、中心にマヨネーズを絞る。180℃のオーブンで10分焼成する。
7. 焼き上がったら、パセリのみじん切り（分量外）をのせる。

a

b

c

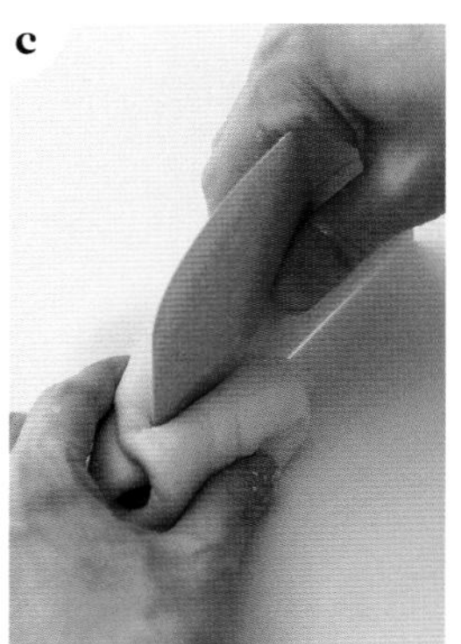

d

Point

ハート型を作るには

3の2つ折りを少しずらして折って、カットするとハート形になります。

ツナコーンカップ

**カップの中に入れるものは自由自在。
いろんなアレンジを楽しんで！**

【材料】（6個分）

イーグル	150g
インスタントドライイースト	3g
砂糖	16g
塩	2g
水	75g
卵	25g
バター	15g
ツナ缶	1缶
コーン	30g
マヨネーズ	適量

【下準備】

◎フィリングを作る。油を切ったツナとコーンに、塩とこしょう（分量外）を加えて混ぜ、さらにマヨネーズを加えて和える。濃いめの味付けにするとよい。

【作り方】

※ P.131「クリームパン」**1**～**6**まで進め、生地を丸めて28℃～30℃で40分発酵させる。

1. 2倍に発酵したらガスを抜き、1個47gに6分割してゆるく丸める。ラップをかけ、10分休ませる。
2. めん棒で12㎝の円形に伸ばし、8㎝のセレクルでくり抜く（**a**）。
3. くり抜いた生地をアルミカップ（8号）にのせる（**b**）。
4. 外側の生地を伸ばして2重の輪にし、くり抜いた生地の上にのせる（**c**）。
5. 35℃で30分発酵させる。オーブンを180℃で予熱する。
6. 生地の周りを刷毛で卵（分量外）を塗り、輪の中にフィリングを入れる（**d**）。180℃のオーブンで10分焼成する。
7. 焼き上がったら、パセリのみじん切り（分量外）をのせる。

a

b

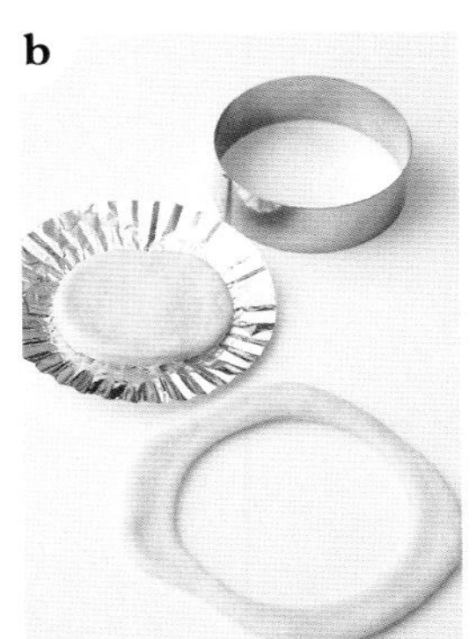

c

d

オニオンロール

炒めた玉ねぎの甘さがパンの甘さにマッチ!!

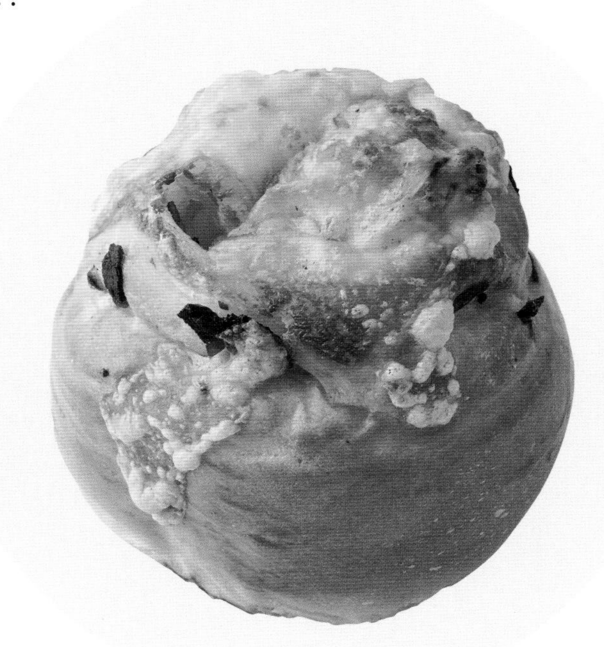

【材料】（6個分）

イーグル……150g
インスタントドライイースト……3g
砂糖……8g
塩……2.5g
水……95g
卵……8g
バター……15g

● **フィリング**
玉ねぎ……50g
ベーコン（スライス）……2枚
ピーマン……少々

マヨネーズ……適量
ピザ用チーズ……適量

【下準備】

◎ フィリングを作る。玉ねぎは薄くスライスし、ベーコンとピーマンは3㎜幅にカットする。フライパンで炒め、塩とこしょう（分量外）で濃いめの味に調える。

【作り方】

※ P.131「クリームパン」**1**～**6**まで進め、生地を丸めて28℃～30℃で40分発酵させる。

1. 2倍に発酵したらガスを抜く。俵型にし、ラップをかけて15分休ませる。
2. 巻き終わりを上にしてめん棒で20×30㎝に伸ばす。奥1㎝を残し、フィリングを広げる（**a**）。
3. 手前から巻き、巻き終わりをとじる。カードで6等分にする（**b**）。
4. カットした面を上にしてアルミカップ（8号）にのせ高さをそろえる（**c**）。35℃で30分発酵させる。オーブンを180℃で予熱する。
5. 刷毛で卵（分量外）を塗り、上にマヨネーズを絞りピザ用チーズを散らす（**d**）。180℃のオーブンで10分焼成する。

a

b

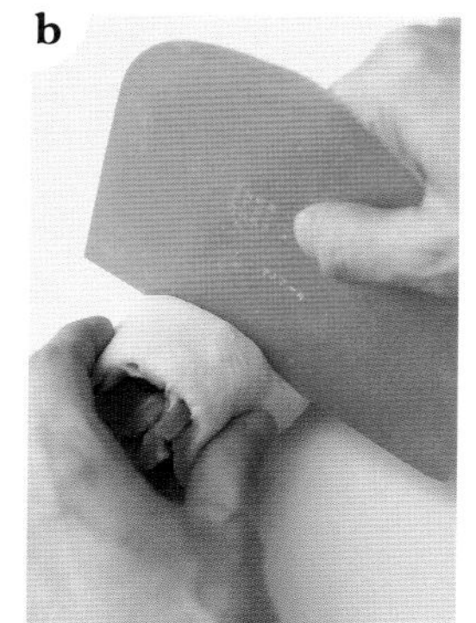

c

d

チーズパン

チェダーチーズ・カマンベールチーズ・モッツァレラチーズ、どのチーズがお好みかな?

【材料】(6個分)

イーグル	160g
インスタントドライイースト	3g
砂糖	15g
塩	2.5g
水	75g
卵	25g
バター	25g
プロセスチーズ(7〜8㎜角にカットする)	80g
ピザ用チーズ	適量

【作り方】

※ P.131「クリームパン」**1**〜**6**まで進め、生地を丸めて28℃〜30℃で40分発酵させる。

1. 2倍に発酵したらガスを抜き、1個50gに6分割してゆるく丸める。ラップをかけ、10分休ませる(**a**)。

2. とじ目を上にして手のひらサイズに広げる。チーズをのせて包む(**b**)。

3. 35℃で30分発酵させる。オーブンを180℃で予熱する。

4. ハサミで十字に切り込みを入れ、ピザ用チーズをのせる。180℃のオーブンで10分焼成する(**c**)。

a

b

c

Point

チーズで変化をつける

チーズにこしょうをまぶすなどすると、また違った味わいになります。

白パン

めん棒で生地を伸ばすときは、台が透けるくらい薄くするのがコツ。

【材料】（6個分）

イーグル	200g
インスタントドライイースト	4g
砂糖	18g
塩	3.6g
牛乳	155g
バター	25g
上新粉	適量

【作り方】

※ P.131「クリームパン」**1**～**6**まで進め、丸めて28℃～30℃で40分発酵させる。

1. 2倍に発酵したらガスを抜き、1個65gに6分割してゆるく丸める。ラップをかけ、10分休ませる（**a**）。

2. しっかり丸め直し、生地の中心にめん棒で2㎝幅のくぼみをつける（**b**→**c**）。

3. 35℃で30分発酵させる。オーブンを170℃で予熱する。

4. 上新粉をふるい、170℃のオーブンで10分焼成する（**d**）。

a

b

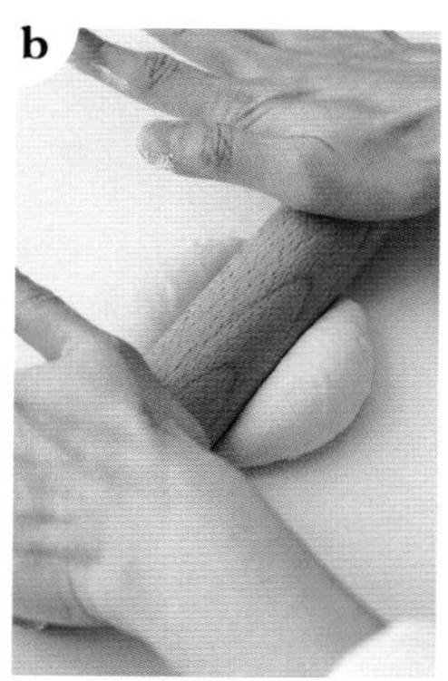

c

d

ベーコンエピ

ベーコンにブラックペッパー・
カレーパウダー・マスタード…。
私はブラックペッパーが好み♪

ベーコンエピ

【材料】（23cm 2本分）

リスドォル ………… 180g
発酵生地 ………… 40g
インスタントドライイースト ………… 1g
塩 ………… 3.2g
水 ………… 120g
ベーコン（スライス） ………… 4枚

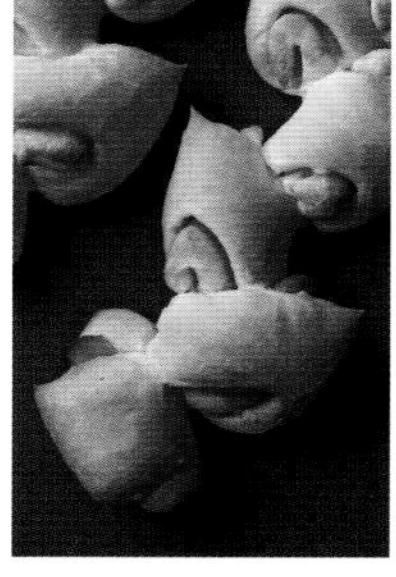

【作り方】 ※ P.131「クリームパン」**1**〜**3**まで進め、生地を丸めて28℃〜30℃で40分発酵させる。

1. 1.8倍に発酵したらガスを抜き、1個172gに2分割する。俵型にし、ラップをかけて15分休ませる。

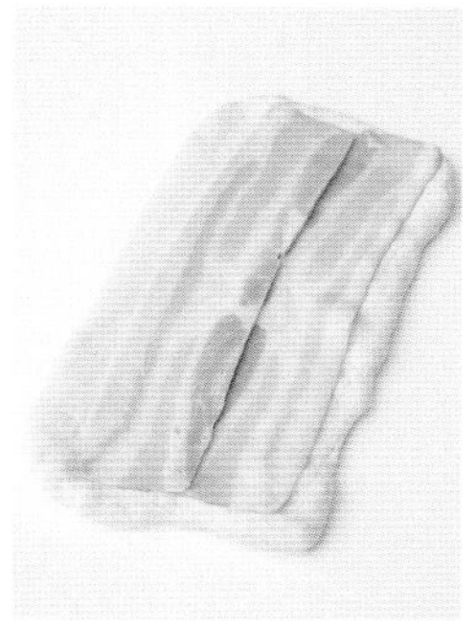

2. とじ目を上にして、めん棒で10×ベーコンの長さプラス1cmに伸ばす。

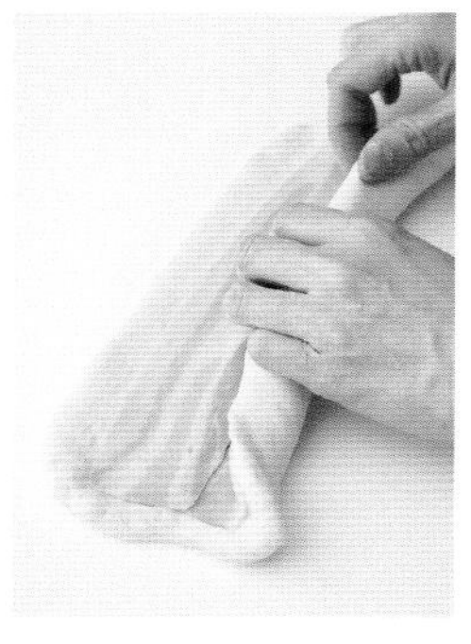

3. ベーコン2枚を少し重なるように置き、手前から巻く。

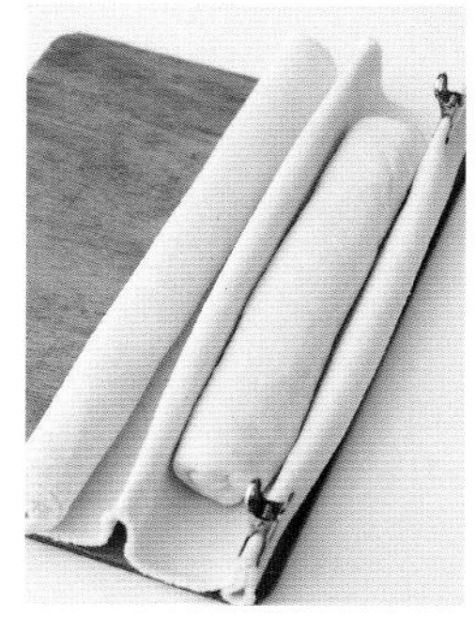

4. 巻き終わりをとじ、キャンバス地にのせる。35℃で35分発酵させる。オーブンに天板を入れ、250℃で予熱する。

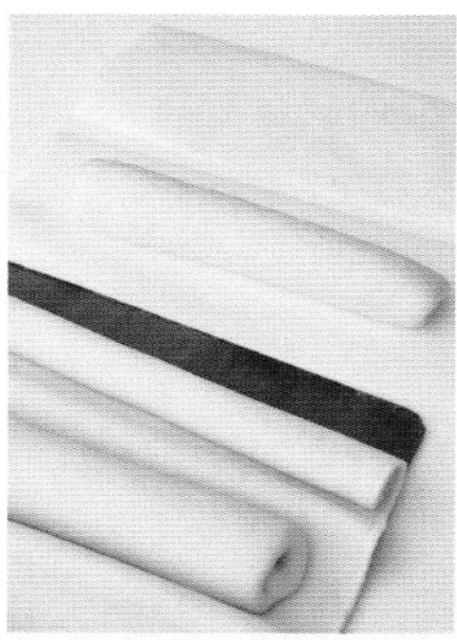

5. キャンバス地からオーブンシートに移す。

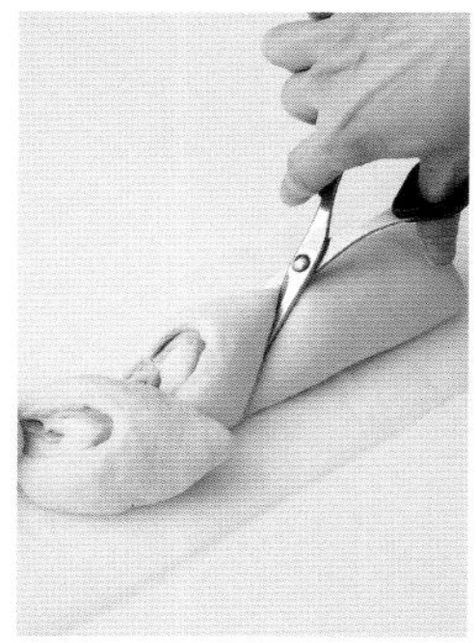

6. ハサミを生地に対して45度にあて、カットする。2cm幅に6〜7個カットする。

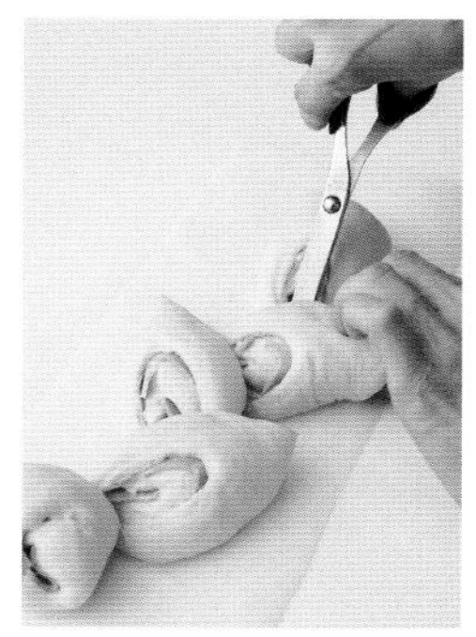

7. カットするごとに左右に生地を移動させる。オーブンにスチームを入れ、210℃で15分焼成する。

Point

スパイスやチーズを加えて味変を楽しむ

ベーコンにこしょう、マスタード、ガーリックパウダー、カレーパウダーをかけるとスパイシーな味わいに。また、ベーコンの代わりにベーコンブロックやチーズを1cm角にカットしたものを入れたり、ベーコンを入れずにバゲットエピにしたりして、味の違いを楽しんで。

Epilogue

パン屋さんにはいろんな種類のパンがたくさん売られています。見た目が華やかで美味しそうなパンがいっぱいです。日本人の主食はパンではないので、パンは何かをつけたり、おやつだったり小腹が空いたときにという位置付けのような気がします。

もっとパンを白米のように食べてほしい。もっとパン自体を楽しんでほしい。何もつけなくても美味しいシンプルなパンがいっぱいあるんです。

私はパンにバターやジャムをつけません。リベイクもしません。日にちがたってパンのお味がちょっとずつ変化していくのを感じるのも大好きです。私のそんな食べ方を不思議に思った伯母が、お世話をしていたフランス人留学生に私の話をしたそうです。彼女はやっぱり私と同じで何もつけないで食べる人だったそうです。まぁ、これは好みなのでつけたほうが美味しいと感じる人はつけてもらった方がいいのですが、たまにはパンのお粉の味を感じてみてください。

いつだったか実家にシャンピニオンを持って行ったことがあります。父がシャンピニオンを食べはじめました。途中で食べるのをやめ、「美香、言いにくいんだけど、これは失敗したパンか?」と言ってきました。これには参りました。パンではなく、食べ方です。パンをカットせず、そのままかじりついていました。

パンにはそのパンに合った食べ方があります。特にハード系のパンは厚くカットまたはそのままだと皮の部分が固く感じることがあります。1㎝くらいの厚さにカットするべきでした。薄くスライスしたら美味しそうに食べてくれました。ハード系が苦手な人にはちょっと薄めにカット、またはちぎって食べることをすすめてみてあげてください。

作る楽しみだけでなく、ぜひパンの変化やそのパンに合った食べ方を見つけて、いろんな食べ方を楽しんでみてください。

あなたのパンライフがより楽しく、笑顔あふれるものになりますように。

松尾美香（まつお・みか）

自家製酵母パン教室Orangerie主宰。大手・個人パンスクールに通った後、ル・コルドンブルーでディプロマを取得し、シニフィアンシニフィエにてシェフから本格的フランスパンの高度な技術を学ぶ。生徒数はのべ10,500人を超し、パン作りの通信講座は国内だけでなく海外からの受講者が多数出るほどの人気を誇る。著書に『日本一やさしい本格パン作りの教科書』（秀和システム）『ホームベーカリーの大活躍レシピ』（成美堂出版）がある。

WEB
http://orangerie-brave.com/

Instagram
https://www.instagram.com/mika_matsuo/

YouTube
https://www.youtube.com/c/MikaMatsuo

材料協力：株式会社富澤商店
［オンラインショップ］https://tomiz.com/
☎042-776-6488

プロ級のパンが家庭で焼ける
本格パン作り大全

発行日	2022年4月30日　初版第1刷発行 2022年7月20日　第2刷発行
著者	松尾美香
発行者	竹間 勉
発行	株式会社世界文化ブックス
発行・発売	株式会社世界文化社 〒102-8195 東京都千代田区九段北4-2-29 電話03-3262-5129（編集部） 電話03-3262-5115（販売部）
印刷・製本	共同印刷株式会社

ISBN978-4-418-22303-9

Staff

ブックデザイン	宮崎絵美子（製作所）
撮影	西山 航 （世界文化ホールディングス）
スタイリング	宮沢史絵、佐藤絵理
アシスタント	奈良春美、植木智子、 有江麻美、山口弘子、村上 遥
校正	株式会社円水社
組版協力	株式会社明昌堂
執筆協力	土田由佳
編集	江種美奈子（世界文化ブックス）